大家小书

墨子与墨家

任继愈 著

北京出版集团公司
北京出版社

图书在版编目（CIP）数据

墨子与墨家 / 任继愈著. — 北京 : 北京出版社，2016. 7

（大家小书）

ISBN 978-7-200-12103-2

Ⅰ. ①墨… Ⅱ. ①任… Ⅲ. ①墨翟（前480～前420）—人物研究②墨家—研究 Ⅳ. ①B224. 5

中国版本图书馆CIP数据核字（2016）第077141号

总策划：安 东 高立志　　责任编辑：高立志 邓雪梅

· 大家小书 ·

墨子与墨家

MOZI YU MOJIA

任继愈 著

*

北京出版集团公司
北京出版社　出版

（北京北三环中路6号 邮政编码：100120）

网 址：www.bph.com.cn

北京出版集团公司总发行

新华书店经销

北京华联印刷有限公司印刷

*

880毫米×1230毫米 32开本 5.25印张 85千字

2016年7月第1版 2018年5月第3次印刷

ISBN 978-7-200-12103-2

定价：32.00元

质量监督电话：010-58572393

序　言

袁行霈

“大家小书”，是一个很俏皮的名称。此所谓“大家”，包括两方面的含义：一、书的作者是大家；二、书是写给大家看的，是大家的读物。所谓“小书”者，只是就其篇幅而言，篇幅显得小一些罢了。若论学术性则不但不轻，有些倒是相当重。其实，篇幅大小也是相对的，一部书十万字，在今天的印刷条件下，似乎算小书，若在老子、孔子的时代，又何尝就小呢？

编辑这套丛书，有一个用意就是节省读者的时间，让读者在较短的时间内获得较多的知识。在信息爆炸的时代，人们要学的东西太多了。补习，遂成为经常的需要。如果不善于补习，东抓一把，西抓一把，今天补这，明天补那，效果未必很好。如果把读书当成吃补药，还会失去读书时应有的那份从容和快乐。这套丛书每本的篇幅都小，读者即使细细地阅读慢慢地体味，也花不了多少时间，可以充分享受读书的乐趣。如果把它们当成补药来吃也行，剂量小，吃起来方便，消化起来也容易。

我们还有一个用意，就是想做一点文化积累的工作。把那些经过时间考验的、读者认同的著作，搜集到一起印刷出版，使之不至于泯没。有些书曾经畅销一时，但现在已经不容易得到；有些书当时或许没有引起很多人注意，但时间证明它们价值不菲。这两类书都需要挖掘出来，让它们重现光芒。科技类的图书偏重实用，一过时就不会有太多读者了，除了研究科技史的人还要用到之外。人文科学则不然，有许多书是常读常新的。然而，这套丛书也不都是旧书的重版，我们也想请一些著名的学者新写一些学术性和普及性兼备的小书，以满足读者日益增长的需求。

“大家小书”的开本不大，读者可以揣进衣兜里，随时随地掏出来读上几页。在路边等人的时候，在排队买戏票的时候，在车上、在公园里，都可以读。这样的读者多了，会为社会增添一些文化的色彩和学习的气氛，岂不是一件好事吗？

“大家小书”出版在即，出版社同志命我撰序说明原委。既然这套丛书标示书之小，序言当然也应以短小为宜。该说的都说了，就此搁笔吧。

任继愈先生与墨家

李　申

墨子，名翟，是春秋战国时期最重要的思想家之一。孟子描述他当时的情形是："天下之言，不归杨，则归墨。"稍后于孟子的韩非，说当时的"显学"，就是儒墨两家。也就是说，墨翟及其创立的学派，在战国时代，是足以和儒家学派抗衡的大学派，甚至是唯一能和儒家学派抗衡的学派。但是秦汉统一以后，墨家学派就逐渐衰落了。汉朝初年，墨家还是当时所谓的"六家"（儒、墨、道、法、名、阴阳）之一，由于儒术独尊，其他各家之中，只有道家尚能时沉时浮地伴随着儒家，其他各家实际上都不存在了，只有他们的思想遗产，尚能以不同方式存在于以儒家为主导的思想体系之中。从唐朝后期开始，随着孟子地位的逐渐上升，墨家的思想影响也不断遭到批判和清算，墨家不仅更加衰微，甚至成了异端邪说的代名词，成为千夫所指的祸国殃民之论。直到清朝末年，在帝国主义列强步步入侵、中华民族到了最危险的时候，墨子及其创立的学派才重新被儒者们所提起，所重视。儒者们企图从中找到可以和列强们标榜的古希腊文明相匹敌的科技文明，以提高民族的自信心。延及近代，墨家学派的研究也得到了较多的重视。墨家思想，不仅是中国哲学史的重要内容，尤其是中国科技史的重要内容。上世纪八十年代，墨子的家乡，山东滕州，树起了巨大的墨子塑像，成立了墨子学会，建立了墨子研究的基地。然而近几十年来，墨家研究的声音似乎又微弱了。现在北京出版社要出版先生的《墨子与墨家》，不禁感慨系之。

墨子最重要的思想是“兼爱”，用时下流行的话说，是讲爱的，却遭到讲仁爱的孟子的激烈抨击，认为兼爱说是“无父”之论，即无视自己父亲母亲应该得到较多的爱的言论，并且目之为禽兽。时下讲“爱”的声音似乎越来越高，有一个自称是“爱”的宗教，甚至主张“爱自己的仇敌”，因而似乎是应该得到所有人热爱的宗教。然而，儒墨关于爱的争论，似乎在提醒着人们，爱，这个概念中所包含的内容，有多大的不同。

墨子提倡“兼爱”的目的是“非攻”，即反对以大欺小、以强凌弱的战争。在如今以大欺小、以强凌弱的战争仍然此伏彼起的国际形势下，墨子的主张使人倍感亲切。大家都能和平相处、互相帮助，共同发展，该多么好啊！为了制止以大欺小、以强凌弱的侵略战争，墨子一面派遣弟子们帮助弱国守卫，一面亲自到那些强国去说服君主。他用于说服强国君主的办法，不仅是给他们讲兼爱大家都有利，而且用自己发明的装备和战术告诉那些君主：我正在帮助被你侵略的国家，你的战争不会取胜的。

在墨子看来，强者之所以要欺凌弱者，不仅是因为他们不懂得你爱别人别人才能爱你，因而实行兼相爱；而且还因为他们过分地追求物质享受。他认为，这些物质享受中，许多是不必要的。比如听音乐、厚葬，都是不必要的。因而他“非乐”，主张“节葬”。归根到底，是主张“节用”。换成今天的话，就是节制消费。后来许多人认为，墨子这些主张是好心，但这样的生活太艰苦，难以忍受，“俭而难遵”。然而墨子和他的弟子们，还有弟子的弟子们，就过着这样的生活。

墨子的节用主张近乎苛刻，反对音乐又似乎可笑。然而，死者的坟墓有必要修得那么大吗？生者的婚礼有必要那么样的铺张吗？欣赏音乐有必要那么疯狂吗？那些陷入债务危机和尚未陷入危机的国家里，许多消费是不是不必要的呢？而这不必要的过度消费，和以强凌弱的战争，和资源的不恰当消耗所造成的所谓生态危机、人类堪忧的前途，是否都有着一定的联系呢？想到这里，我们还会觉得墨子的可笑吗？！

墨子主张通过自己的辛勤劳动，创造富裕但节俭的生活。为此，他的学派不仅认真研究政治经济理论，也亲自研究具体的科学技术。为了制止侵略战争，他们认真研究了防御战的技术和战术，并且有相应的著作《备城门》等。现在，墨家在科学技术方面的贡献，已经得到了许多研究，而《备城门》之类的著作，迄今为止，还几乎无人研究。笔者刚做研究生的时候，曾接受辅导老师谢雨春先生建议，今译过《备城门》诸篇。之所以没有进一步研究，原因主要是自己弄不懂，尽管我被认为是所谓学自然科学出身。其次也是因为自己心里的那点小九九：今天打仗谁还去修城墙！然而，那些被人们炒得热火朝天的历史事件，哪件会在今天重演呢！如果有人这样地质疑于我，我将无言以对。

墨子和他的弟子们，自己过着非常艰苦的生活，却不遗余力地去帮助别人。虽然墨子遭到许多非议，特别是以孟子为代表的儒者的非议，然而对于他“摩顶放踵以利天下”的精神，即把自己从头到脚都磨成粉末去帮助别人，则从未有人加以怀疑和非议。

任先生作为一个哲学、宗教和科学兼治，儒教、佛教和道教兼通的全方位地研究传统文化的学者，历史上每一位思想家都是熟悉的，然而最为先生所关注，甚至倾注了满腔情感的思想家，第一是老子，第二就是墨子。先生对老子的关注，是大家都熟悉的。去世前不久出版的《老子绎读》，是先生对《老子》的第四次今译。先生对老子的研究，可以说是倾尽了毕生的精力。对于墨子，先生于1956年曾出版《墨子》一书。20世纪90年代，先生主持“中国文化史知识丛书”，在这面向青少年的100多个传统文化选题中，先生自任《墨子与墨家》一书。后来需要增补，先生又请胞弟、著名经济学家任继亮先生撰写了《墨经中的自然科学》作为附录。对墨子和墨家的研究，也可以说是终生关怀。

老子和墨子的主张不同，但在先生看来，他们有一个共同的特点，那就是替弱者说话。先生认为，老子是最早、最系统地反映农民呼声的思想家，墨子则是手工业小生产者的代表。由于他们所代表的阶级本身的无力和软弱，所以他们的主张常常自相矛盾，甚至依靠空想，结果也往往事与愿违，他们的学说，也就很难有大的发展。道家在整个古代的弱势和墨家的衰落，几乎是必然的。

中国历史上，农民也曾多次把自己的领袖推上皇帝宝座，其结果不过是以新的强者代替了旧的强者，作为一个阶级存在的农民，仍然作为弱者存在。所谓中国历史的周期律，不过是强者起初强大、后来腐败，被新的强者所代替的规律。而腐败的原因，也往往是新的强者忘记了自己原是弱者，因而不再替弱者说话，也不再为弱者办事。

迄今为止的历史，主宰当时国家前途和民族命运的，可说都是强者。因而思想家们，也往往是愿意替强者说话的多，替弱者说话的少。然而先生特别钟情于这些替弱者说话的思想家，因为先生是把“关心别人，帮助弱者，坚持真理”作为处世原则的学者。

先生对墨子研究的深度和广度，作为学生，不愿妄议。借北京出版社再版先生《墨子与墨家》的机会，讲一点阅读先生遗著的读后感，以践出版社之约，也是向先生交的又一份作业。

2011年11月14日

目　录

一　墨学产生的时代条件

春秋后期，生产有所发展，根据地下出土的器物，证明春秋时代已在广泛使用铁制的生产工具。有了先进的农业生产技术，对于荒地的开垦和水利灌溉事业的兴修，也造成了有利条件。因此，农业生产得到进一步的发展。

由于坚固而锐利的铁制工具的应用，手工业也得到了进一步的发展，加之交换关系的进步，手工业逐渐由分工而走向专业化。当时已有木工、皮革工、冶金工、陶工、缝工和织工等，总称为“百工”。

随着生产力的发展和社会分工的扩大，商品经济的比重日益增加，货币流通也日益广泛，并出现了金属货币。这时，商业资本已较发达，各地的物产大量交流。贵族以外的大商人也出现了，如弦高、范蠡〔lǐ 里〕、端木赐（子贡）等人都是。

在春秋时代，大小国家很多，它们各霸一方，不断地进行兼并掠夺战争；战争的规模也更为扩大。

在战争中，大国对小国进行掠夺；即使在没有战争的时候，掠夺也从来没有停止过。当然在战争中，无论大国小国，最受痛苦的是小农和小生产者，他们是战争的人力和物力的主要担负者。当时小农和小生产者，即使在战争中免于死亡，也不得不忍受饥寒的痛苦。齐国的晏婴说齐国“三老冻馁”，晋国的叔向说晋国“道殣〔jìn 禁〕相望”。像齐、晋这样的大国，人民尚且不能免于大量冻死和饿死的威胁，其他小国人民的悲惨情形，也就可想而知了。

人民不但在战争中担负人力和物力，而且在平时还要承受统治者的各种残酷的剥削，因而他们日趋破产，青壮年大批逃亡，老年死于饥寒，人民开始用各种方式来反对统治者的掠夺和压迫。

在这种战争、掠夺和商品货币关系的剧烈冲击下，旧日以血缘关系为基础的世袭贵族制度逐渐瓦解。当时，已出现新的土地占有者，也出现了逐渐脱离贵族羁绊的独立的手工业者、小私有者。

在这样的情形下，从不同阶级出身的“士”，纷纷要求参与政治，企图创立一套新的学说或办法来适应当时的情况。而各国的国君和卿大夫为了政治上的需要，便礼贤下士，招徕贤能作为助手。因此，士的阶层就逐渐扩大起来，并且得到了广泛活动的机会。

士这一阶层的一个来源是由旧贵族没落下来的知识分子。他们曾受过贵族教育，在社会秩序变动剧烈的情况下，他们没有法定的政治地位，不能世袭，也没有固定的财产，依靠出卖知识技能维持生活。士这一阶层的另外一个来源是由于社会经济的变动，从小生产者上升起来的知识分子。所以士是一个流品复杂的阶层。像孔子所代表的儒家是前一个来源的士，他们多半是由一些没落的贵族成为士的；墨子和他代表的墨家是后一个来源的士，他们是由当时的小生产者、小手工业者上升为士的；老子、杨朱则是由旧日没落贵族下降为农民或小私有者而成为“隐士”的。老子这一派和前两派的不同之处，就是他们不积极向当权的世袭贵族靠拢，而采取和当时的统治者不合作的态度。墨子和老子所代表的士，都不轻视体力劳动，这一点却是和一向轻视体力劳动的儒家不同。

墨子自己曾说过，“翟〔dí 敌〕上无君上之事，下无耕农之难”（《墨子·贵义》，以下引文出自《墨子》一书者，只注篇名），可见他既不是直接统治人民的人，也不是直接参加“耕农之难”的人。他的任务不在于直接参加生产，而在于宣传并实行自己的学说和主张。

当时，士的任务在于“上说下教”，“坐而言义”，“遍从人而说之”。

墨子和他的绝大多数弟子是手工业者出身的。在西周时代，“工商食官”，当时设有专门负责管理奴隶工匠的工官。到春秋时，一部分工官失去职位（不只工官，如祝、巫、史和乐官也都流散到各地），一部分工奴得到解放，加入本来就有的独立的小生产者的阶层。《论语·子张》中说“百工居肆以成其事”，就说明了这一情况。墨子本人原来也是一位精通制造器械的人。而且他制造器具，重在实用。他的技巧，特别是在制造防御战争中用的器械这一方面的造诣，远远超过当时举世闻名的公输般。我们从《墨子》书中《备城门》以下各篇，以及后期墨家所表现的对力学、光学、几何学和一般物理学方面丰富的知识，完全有根据说墨子和他的学派是兼通器械制造技术的。墨家学派的成员并非都是从事器械制造的。其中也有从事耕田的，也有以织草鞋、编席子为生的，像《孟子·滕文公上》篇所说的许行，“其徒数十人，皆衣褐，捆屦〔jù 具〕织席以为食”，也是属于墨子学派。

照墨子和墨家的原则，他们反对“厉民以自养”，反对剥削和过分享受的生活，主张自食其力。因此，他们一方面要国君行其道，一方面尽量减低国君对他们的供养，《吕氏春秋·高义》篇记载墨子的话说：

> 若越王听吾言，用吾道，翟度身而衣，量腹而食，比于宾萌（即编民），未敢求仕。

这和战国时期孟子“后车数十乘，从者数百人，以传食于诸侯”（《孟子·滕文公下》）的作风迥然不同。墨子学派即使到战国时期士的活动范围更为扩大时，仍然经常过着极端刻苦的团体生活：“上功用，大俭约而僈差等”（《荀子·非十二子》篇），被儒家称为“役夫之道”（《荀子·王霸》篇），司马谈说墨子之道“俭而难遵”（《史记·太史公自序》），庄子说墨子之道“其生也勤，其死也薄”，又说“后世之墨者，多以裘褐为衣，以跂蹻〔qí juē 奇屩〕为服，日夜不休，以自苦为极”（《庄子·天下》篇）。楚国大臣穆贺听了墨子所说的道理，很受感动，只是觉得“贱人之所为”，怕楚王不肯采用。

墨子和他的学派反映了当时小生产者和劳动者的正当的愿望，控诉了贵族腐化生活的不合理，替人民群众喊出反对侵略战争的正义呼声，这些都构成墨子学派光辉不朽的一面。但另一方面，墨子和他的学派毕竟还是士，而不是百分之百的劳动者，他们还有求于当时的统治者，担心贵族不到墨家来找“严师”、“贤友”和“良臣”，因而对王公大人们不得不表现出一定的妥协性。他们只能在不触动当时贵族世袭的社会制度下，提出他们改善生活、提高社会地位的要求，这就是墨子学派中保守的一面。但就这一学派在当时的影响来说，其进步性是主要的。

墨子和他的学派以伟大的自我牺牲精神，对反对侵略战争的正义事业作出了出色的贡献。一贯逍遥放任的庄子也不得不称赞：“墨子真天下之好也，将求之不得也，虽枯槁不舍也，才士也夫！”（《庄子·天下》篇）甚至连敌视他，骂他为“禽兽”的孟子也不得不承认：“摩顶放踵，利天下为之！”（《孟子·尽心上》）墨子这种伟大的自我牺牲精神，不但感动了当时的人民，也给后代的中国人民留下不可磨灭的印象。

二　墨翟与《墨子》一书

春秋战国时期，百家争鸣，学派众多，其中社会影响最大、门徒众多的学派有儒墨两家。儒家创始人孔子的生卒年代、讲学及从政活动都有详细记载，山东曲阜，泗水之滨尚有孔子墓，讲学地点杏坛仍有遗迹可寻。有关墨子的记载极其简略，其遗迹早已随荒烟蔓草湮没。

《史记》没有为墨子立传，仅仅在《孟子荀卿列传》中附记了24个字：

> 盖墨翟，宋之大夫，善守御，为节用。或曰并孔子时，或曰在其后。

墨子姓墨名翟，这在先秦已为人公认，散见各种典籍中，并没有发生过分歧意见。但到了元代以后，就有人搜罗些站不住脚的理由，标新立异，提出不同的说法。甚至捏造出墨子不是中国人而是印度人的说法。其实墨是中国古代的姓，《元和姓纂》说墨氏是由墨骀〔tái 台〕氏转化来的。

关于墨子生活的年代、出生地、学术渊源等，只能根据有限的材料加以分析勾勒。

关于墨子的年代，根据《墨子》书中的记载和先秦各家的传说，墨子和公输般同时，年纪比公输般略小。公输般生于公元前489年（孔子死前10年）。墨子也和孔子的学生“子夏之徒”同时。墨子“止楚攻宋”的故事，好多古籍中都有记载，可见这一件大事是相当可信的。止楚攻宋一事发生的年代应在公元前445年到前440年之间，相当于墨子35岁到40岁的时候。墨子在这一次正义的行动中，从北方赶到楚国，十日十夜不休息，可以证明他的年纪当不太老；而这时他已是当代的大师，有弟子禽滑厘等300人。后来他又献书楚惠王，楚惠王在楚国就听说墨子“是北方之贤者”，并尊他为“先生”，可见墨子的年纪也不会太小。这时，孔子的弟子子夏、曾子约60多岁；墨子的年龄约与子思的年龄相当，应在40岁左右。

在《非攻下》篇，墨子曾说“今天下好战之国，齐晋楚越”，又说“唐叔与吕尚邦齐晋……四分天下而有之”。又在《节葬下》篇说“诸侯力征，南有楚越之王，而北有齐晋之君”。从《墨子》书中记载的当时各诸侯国之间的关系来看，田家还没有取代姜家的齐国；晋国还没有分为韩赵魏三个国家；北方秦国的势力还没有强大，南方的越国还没有衰亡。

根据以上所说，我们可以这样说：墨子姓墨，名翟，约生于公元前480年，约死于公元前420年，活了约60岁。他出生的年代，约当孔子70岁的时候。

关于墨子的出生地，古今学者约有6种说法：

1. 阙疑。司马迁的《史记》说：“盖墨翟宋之大夫。”“盖”是个不十分肯定之辞。“宋之大夫”，是指墨子在宋国做过大夫，没有讲他是哪个诸侯国的人。

2. 宋人说。东晋葛洪《神仙传》说：“墨子者名翟，宋人也。”杨倞〔jìng静〕《荀子·修身》篇注说：“墨翟，宋人。”这两说可能是同一来源。明确而详备的考订，指明墨子为宋人的，有近人顾颉刚。他在《禅让传说起源于墨家考》中，指出墨子为伯夷之后，为宋襄公后人。

3. 楚邑鲁阳人说。此说倡自清人毕沅、武亿。

4. 鲁人说。《吕氏春秋》高诱注说：“墨子名翟，鲁人。”清人孙诒〔yí夷〕让主此说。

5. 墨子为印度人或阿拉伯人说。主此说者有胡怀琛、卫聚贤等人（见《墨子为印度人辩》及卫聚贤《古史研究》第二集）。此说轻率、武断，后来不再有人提起。

6. 邾〔zhū朱〕国人说。今人王献唐、童书业、杨向奎、张知寒主此说。本书赞同此说。

在我国古书中，如《通志·氏族略》引《元和姓纂》说："墨子，孤竹君之后，本墨骀氏，后改为墨氏。"又说："战国时宋人墨翟著书号《墨子》。"据顾颉刚考证，《左传》僖公八年，载太子兹父与公子目夷互相以仁让国。兹父说，目夷长且仁，目夷说，能以国让，仁孰大焉！这颇与伯夷、叔齐互相让国的传说相似。墨子是伯夷之后，事实既相近，姓又相同，也许是一个传说的分化。墨子是伯夷之后，实在是公子目夷之后。宋国为殷人遗裔，宋襄公不擒二毛（老人），等到楚人阵列齐整而后战，可谓仁义之师。目夷之让国、墨子的兼爱天下，是不是带有殷民族行仁义而不争的传统印记呢？

目夷，商王朝同姓小方国。《史记·殷本纪》："……其后分封，以国为姓。有目夷氏。"目夷入周后，即并为小邾娄国。公子目夷封于目夷，死后葬于目夷。其墓在微子墓侧，目前尚有宋代石刻。目夷的后人，生息于目夷，墨子为目夷子的后裔（参看童书业《春秋左传研究》）。公子目夷，乃宋襄公兄之长子，因封于目夷，名目夷子。

目夷地址，据晋人杜预《左传》注："狐骀，邾地，鲁国蕃县东南有目夷亭。"明代万历十三年（公元1585年）修的《滕县志》说："狐台山"一名"目台山"。今人童书业《目夷亭辨》中确认"目夷亭就在今滕县境内"。学者王献唐《炎黄氏族文化考》说："滕东南有木石，即墨骀。"

近人从墨子学术文化渊源、文化类型研究，指出邾娄文化，即邹鲁文化。古人习惯说邹鲁（邾娄）文化，即因邾早于鲁，邾文化也比鲁文化先进。鲁文化始于周公，邾文化可上溯到夏、殷。邹鲁文化都尚和平，反对战争，讲仁义。

春秋战国时期，自然科学发展水平，以邹鲁为最高。古代舟、车、服、用器物，多称以邾或娄，可推知来自邾、娄地区。相传古代造车的奚仲，其墓地距墨子故里木石镇不过十多里。与墨子同时的公输般也生长在邾娄北端的卞山下。（参见王子襄《泗志钩沉》）

方授楚说："邹鲁地区，其俗喜学术，好技艺，颇似希腊之雅典。明乎此种关系，则鲁为儒术最盛之邦，又为墨学渊源之地；以技巧言，输之攻，墨之守，乃同出于鲁人；庶可恍然知其故矣。"（《墨子源流考》）

近40年来，由于大规模的考古发掘和大量的工程建设，地下文物有较多的发现，如长沙马王堆轪〔dài 代〕侯墓出土帛书《老子》、《易书》、《春秋事语》、《黄帝内经》等，湖北出土云梦秦简，山东银雀山出土《孙膑兵法》、《尉缭子》等兵书，临淄出土齐景公殉马坑，新疆出土汉唐文书，都大大打开了学术界的视野，解决了一些历史上长期不得解决的悬案。关于先秦诸子的研究，墨子出生地的考证，明确了千百年来争论不休的疑问：墨子为鲁人（大范围的鲁国管辖区），他诞生及早年从师的地点，即今天的滕州市的木石镇。这不能不说是千百年来关于墨子出生地研究的一项新成果。近代探索墨子出生地的方法：逐一排除宋人、鲁阳人等说法，立足于已有的论据，即墨子为鲁人的大范围内，再逐步缩小范围，根据史籍记载、文物遗址、学术思想渊源，一步一步落实到滕州境内的目夷（木石镇）。这种方法是较为科学的。

总的说来，我们今天所知道的，墨子约生于公元前480年，死于公元前420年。他是鲁之小郳国人，面色很黑（见《贵义》）。他生、长于邹鲁文化之乡，出身于社会下层。早年亲自参加生产劳动，是一名技艺高超的能工巧匠，曾与当时著名的工匠公输般比过智巧（见《鲁问》）。他精通机械制造的原理和方法，能设计多种守城的防御器械，胜过公输般攻城用的云梯（见《公输》）。他在楚国游说，被楚国大臣称为“贱人”（社会地位低下的人），拒绝采纳他的意见

（见《贵义》）。邹鲁地区处于泗水两岸，物产丰足，水陆交通便利，自古是经济、文化繁盛之地。当地民俗喜学术，好技艺。在这种环境和风气的影响下，他除了掌握一些先进的科学技术知识外，也接受过儒家思想，学习了历史文献。后来他脱离了直接的手工业劳动，进入“士”的行列，他说自己“上无君上之事，下无耕农之难”（《贵义》）。他逐渐对儒家学说不满，创立了自己的学说体系，创建了组织严密的学派——墨家。他公开批评儒家学说，成为儒学的反对派。并长期从事教育、游说活动。他的门徒众多，大都来自手工业者。教育的内容包括他的社会政治思想、哲学思想、道德观念，以及科学理论和技术方法等。他四方奔走，上说下教，积极宣传自己的学说主张，曾北至齐，西使卫，南游楚（第一次到郢〔yǐng 影〕，第二次到鲁阳）。他深入社会，广泛交游，难得在一个固定的地方住得很久，往往灶上的烟囱还没有熏成黑色，他又到另一个地方游说去了，所以有“墨突不黔”的传说。他生活简朴，吃苦耐劳，见义勇为，坚信自己的主张和理想，重视实用，做到身体力行。他为下层劳动人民争取切身的利益，为解决或减轻他们的贫困和饱受压迫之苦而付出极大的心血；为实现学派的理想培养弟子，为宣传自己的主张奔波终生。

墨子的学术思想主要来自对春秋末期社会政治变化的深刻

认识，对小生产者生活现状和要求改变现实处境的愿望的实际体验；其次则继承了前代文化和前人学术思想资料。关于墨学的渊源，较早的有《吕氏春秋·当染》篇的记载：

> 鲁惠公使宰让请郊庙之礼于天子，桓王使史角往，惠公止之。其后在于鲁，墨子学焉。

较晚的有《淮南子·要略训》的记载：

> 墨子学儒者之业，受孔子之术，以为其礼烦扰而不说（悦），厚葬靡财而贫民，〔久〕服伤生而害事，故背周道而用夏政。

这两种说法有所不同，并不互相排斥。史角为周史官，熟悉周礼；鲁保存周礼最多，又是儒家的发源地，孔子极端重视周礼。墨子的确是学了儒者之业而又反对儒者之业的。《墨子》书中曾多次引用古代史书和《书》、《诗》等儒家经典，就是明证。后来，他看到儒家学说“其礼烦扰”、“厚葬靡财而贫民”等弊端，认为对国家民生有害，所以背离了儒家，创立了自己的学派。

墨子对传说中夏禹的业绩十分向往，《庄子·天下》篇中说：

> 墨子称道曰："昔禹之湮洪水，决江河而通四夷九州也……禹亲自操橐耜〔gǎo sì 搞四〕而九杂天下之川；腓无胈〔bá 拔〕，胫无毛，沐甚雨，栉疾风，置万国。禹大圣也而形劳天下也如此！"使后世之墨者，多以裘褐为衣，以跂跻为服，日夜不休，以自苦为极；曰："不能如此，非禹之道也，不足谓墨。"

这可能是前文所说的"用夏政"的重要依据。墨子和他创立的学派，吃苦耐劳、济世救民的思想和作风与此有一脉相承的关系。

墨子生息的邹鲁小郲国学术昌盛，经济繁荣，科技发达，所以当地人喜好学术、技艺。除儒家思想外，这里还保留着夏商遗风，尊天、重鬼神的观念还有一定的影响，这在墨子的思想中也有所反映。墨子是个手工业劳动者，他的门徒也大都是小手工业劳动者，他们长期劳动、生活在普通民众当中，认为天下之大患，在于"饥者不得食，寒者不得衣，劳者不得息"。只有亲身受过劳作之苦的人，才能有这样的感受。

以上这些对墨子都产生过影响，可以视为墨子学说的渊源。

《吕氏春秋·上德》篇曾记载墨者巨子孟胜为阳城君守国，至死不降的故事。这件事发生在吴起死后的公元前400年。巨子是当时墨家学派共同尊崇敬奉的领袖，并不限于一个诸侯国之内。巨子不见于《墨子》书中，而是在墨子以后，战国末期墨家以外的其他学派的著作中提到的。可见墨子活着的时候还没有确立这种世代相传的巨子制度。墨子死后禽滑厘继承了墨子的事业，讲学授徒。巨子制度的确立，最早也应是禽滑厘之后的事。孟胜这个人并不见于《墨子》，足证孟胜不但没有赶上墨子的活动时代，而且应在禽滑厘、耕柱子这些人以后。孟胜之后有田襄子任巨子……

墨家是一个有严格纪律的学术团体。它有以下几个特点：

1. 派遣学生到各诸侯国做官。

2. 派出去做官的弟子，如果背弃了墨家的基本精神（违反了“兼爱”、“非攻”的原则），墨家领袖可以随时把他召回。

3. 墨家有极严格的纪律和坚强的组织。孟胜为阳城君守城，孟胜和他的弟子183人同时殉难。墨家巨子腹𦡆〔tūn吞〕住在秦国，儿子杀了人，秦惠王对腹𦡆说：“先生年老，只有这一个儿子，我已下令赦免了他的罪。”而腹䵍说：“照墨家的法律，杀人的要偿命，伤人的要处刑。这是为了禁止一切杀人伤人的行为，是墨家共同遵守的原则。国君虽然赦免了他的死罪，可是我不能不行墨家之法。”腹䵍没有听从秦惠公的劝告，终于把他的儿子杀了偿命。墨家服从真理的精神，不仅在当时，即使在几百年后，也还在被人一再地称道。

4. 墨子和墨家派出去做官的弟子，有义务把做官的薪俸的一部分供给墨家团体。

> 《墨子》这一部书，和其他先秦诸子一样，在中国流传了几千年。其中有墨子的弟子们记录的墨子的学说，也有些篇章是后期墨家的学说，它是一部墨学丛书。尽管不是墨子手写的，但是却不能因此说《墨子》这部书不可靠。正如郭沫若先生所说：“《论语》虽然不是孔子的手笔，《墨子》虽然不是墨子的手笔，但其中的主要思想我们不能说不是孔子和墨子的东西。”（见郭沫若著《青铜时代》）《墨子》这部书，据《汉书·艺文志》记载，一共有71篇，到了北宋时存63篇，保存到今天的只有53篇。

《墨子》是根据墨子的弟子们的笔记整理而成的。在同样的题目下，有些篇有上、中、下三篇，例如《尚贤》、《尚同》、《兼爱》、《非攻》、《节用》、《节葬》、《天志》、《明鬼》、《非乐》、《非命》等原来都有上、中、下三篇，现在有的已不完全，缺了七篇。据郭沫若先生的研究，同样的题目，而有上、中、下三篇，可能是由于墨子的学说后来分为三派，各派所作的记录有详略的不同。上、中、下三篇的意思基本上是一致的。本书所讲的墨子的思想，主要是根据这一类的材料。

《墨子》书中还有一部分是讲机械制造和战争防御的，现存的共有11篇（从《备城门》到《杂守》）。这一套战争防御的专门技术，对于墨子和他的弟子们，在反对侵略战争方面是起过作用的。这些技术知识在当时是师生当面传授的。可能附有图解，现在缺少了图解，文字记载又太简单，后人看起来就不大好懂了。如果研究工程史、战争史，这几篇却都是极可珍贵的原始材料。因为这一部分著作（现存的11篇）和墨子的思想没有直接关系，本书从略。不过必须指出，这一部分在当时有它的实践的意义。墨家所以被当时各国诸侯重视，和他们这一套专门技术是很有关系的。

今天我们研究墨子和早期墨家的思想，以《尚贤》、《兼爱》等24篇为主要材料。

此外还有和墨子学派的思想不合的，像《亲士》、《修身》各篇，分明是儒家的学说而混入的。《经上》、《经下》、《经说上》、《经说下》、《大取》、《小取》这六篇，据梁启超、郭沫若等人的考证，认为是后期墨家的思想。这6篇（当时称为《墨经》）中包括了中国最早的关于几何学、光学、力学以及一般物理学方面的知识，其中包含了素朴的唯物主义的认识论和相当完整的逻辑学。因为这6篇的内容有些是针对公孙龙和惠施的错误学说所提出的批判，所以我们今天可以断定这是后期墨家的作品。这6篇中像注重实践的效果、保护私有财产的权利等等，是继承了前期墨家的思想。同时，这6篇中也抛弃了前期墨家"尊天"、"明鬼"的宗教迷信的成分。这6篇虽然篇幅很少，可是它的学术价值极高。

《墨子》书中《耕柱》、《贵义》、《公孟》、《鲁问》、《公输》5篇是记载墨子和他的弟子们的言行的，体裁有些像《论语》，是今天研究墨子的活动的直接材料。其中也有一些事件分明是墨子死后几十年到一百年才发生的，如《鲁问》有见齐太公田和的记载，《非乐上》有关于齐康公的记载，《亲士》提到吴起之死等，这显然是墨家的后学增补的。清代研究《墨子》最著名的专家孙诒让，就是完全尊信《墨子》书中的一切记载，并根据它来考订墨子的年代的，因而不得不把墨子的年龄延长到90岁以上。这是不合乎事实的。我们今天除了根据《墨子》进行研究外，还要根据《墨子》以外的书和先秦的重大事件联系起来考察，才可以求得比较接近事实的真相。

《墨子》书保存下来，有残缺，2000年来还没有人对它作过全部的详尽的注解，只有孙诒让的《墨子闲诂》算是比较可用的注解，有些疑难问题尚未解决。曾经成为最大学术流派的墨学，弟子中有姓名可考的不到40人。

三　止楚攻宋的故事

墨子是一位十分注重实行的卓越的思想家、政治活动家。他的智慧、坚定和见义勇为的行动获得了历代人民的尊敬。鲁迅先生根据《墨子》书中《公输》一篇写成著名小说《非攻》。为了使墨子的光辉形象再现于读者面前，不妨把这个故事重新介绍一下：

公输般替楚国制造了攻城的器械——云梯，打算用来进攻宋国。墨子听到这个消息，急忙从鲁国赶往楚国，力图制止战争的爆发。他忘记了疲劳，顾不得休息，两脚在旧趼磨破后又磨出了新趼，终于以十天十夜的时间，克服了平常人所不能忍受的困难，赶到了楚国的京城——郢，并见到了公输般。

公输般看到墨子，就问道："先生这么远来有什么见教？"

"北方有人侮辱了我，"墨子说，"我想托你去杀掉他……"

公输般不高兴了。

“我送你十两黄金！”墨子又接着说。

“我是义不杀人的！”公输般说。

墨子很感动地直起身来，拜了两拜，说道：“我有几句话说。我在北方听说你造了云梯，要去攻宋国。宋国有什么罪过呢？楚国有余的是地，缺少的是百姓。杀缺少的来争有余的，不能说是智；宋国没有罪，却要攻它，不能说是仁；你明明知道，却不向楚王力争，不能说是忠；你即使向楚王争辩过，争了而没有达到目的，不能说是强；照道理，连少数人也不应该去杀害，反而去杀害多数人，这不能说是知类。”

公输般没有话回答。

“那么，不是可以歇手了吗？”墨子说。

“这可不成，”公输般说，“我已经对楚王说过了。”

“为什么不带我去见楚王？”墨子说。

“可以。”公输般说。

“现在有一个人，”墨子见了楚王说，“不要轿车，却想偷邻家的破车子；不要锦绣，却想偷邻家的短毡袄；不要米、肉，却想偷邻家的糠屑饭，这是怎样的人呢？”

“那一定是生了偷摸病了。”楚王说。

“楚的地方，方圆5000里，”墨子说，“宋国却只有500里，这就像轿车和破车子；楚国有云梦，满是犀兕〔sì 四〕、麋鹿，长江、汉水的鱼鳖、龟鼋〔yuán 元〕之多，哪里都赛不过，宋国却是连雉、兔、鲫鱼也没有的，这就像米、肉和糠屑饭；楚国有长松、文梓、楠木、豫章，宋国却没有大树，这就像锦绣和短毡袄。所以据臣看来，大王派兵攻打宋国，和这是同类的问题。我看大王如果发动战争，道理上既说不过去，而事实上也达不到目的。”

“确也不错，”楚王说，“不过公输般已经在给我制造云梯，总得去攻的了。”

墨子为了打消楚王攻宋之意，便和公输般在楚王面前试演云梯攻城和防御的办法。墨子解下自己的腰带来，弯作弧形，算是城，用些木片作为攻守的器械。公输般用了9种方法，进攻了9次，都被墨子击退。公输般攻城的器械用尽了，而墨子防守的办法却还有余。

公输般失败了，他却说：“我知道用什么法子赢你的，但是我不说。”

“我也知道你用什么法子赢我，但是我也不说。”墨子说。

楚王问他们说的什么。墨子说：“公输子的意思，不过是想杀掉我，以为杀掉我，宋国就没有人能守，可以攻了。可是我的学生禽滑厘等300人，已经拿了我的守御的器械在宋国城上，等着楚国来的敌人。就是杀掉我，也还是攻不下的。”

“真是好法子！”楚王感动地说，“那么我就不去攻宋国吧。”

从以上的故事，我们可以认识到墨子这个具有智慧和勇敢的哲学家的不朽形象。墨子并不是向侵略者乞求和平。他除了用正义的言辞跟侵略者抗辩以外，还充分认识到，要有保卫和平的力量。事实证明，在强有力的保卫和平的力量支持下，宋国才免于遭受侵略。墨子为实现自己的理想，不辞艰辛，长途跋涉，甚至冒着生命危险去扑灭即将燃起的侵略战争的火焰。墨子这一伟大的行动，充分体现了中华民族一贯具有反对侵略战争的优良传统。直到今天，它对我们还有现实的教育意义，值得我们每一个爱祖国、爱和平的人记取。

四　非攻和兼爱

春秋无义战。当时贵族之间不断地进行残酷的掠夺战争。墨子接近劳动者，同情小生产者、小私有者，对他们在战争中所遭受的痛苦有深刻的认识，因而他反对侵略战争的思想感情也非常强烈。他坚决地、无情地揭发了当时侵略战争给广大人民群众带来的灾难。《墨子》书中写道：

以攻伐无罪之国，入其边境，刈〔yì 义〕其禾稼，斩其树木，残其城郭，以抑（填平）其沟池，焚烧其祖庙，攘杀其牺牲。民之格者（抵抗的），则劲拔之（杀死）；不格者，则系累而归（用绳子一串串牵回）。丈夫以为仆、圉〔yǔ 雨〕、胥、靡，妇人以为舂、酋（仆、圉、胥、靡、舂、酋是指做不同工作的奴隶）。（《天志下》）

《墨子》书中详尽描述了那些被围困在城内的人民痛苦的遭遇：男女老幼皆参加守城，民间粮食、布帛、金钱、牛马畜产等一切可用的物品，都被公家征用。自围城之日起，百姓便食不果腹，平均每天只吃三升多粮食，约合现在大半升。既有作战死伤，又要忍饿破产。沉重的力役负担和不可估计的财产损失已很惊人，如果战争长期不结束，围城中的人民就要遭受到更多的苦难。由于和侵略者的军队长期相持，有时甚至弄到"易子而食，析骸而爨〔cuàn 窜〕"（《左传·宣公十五年》）。至于城池被攻破后，百姓的命运将会更加悲惨。总之，在战争中，不管胜利或失败，受苦受难的永远是双方百姓。

被侵略的战败国人民的命运不消说是很悲惨的，那些强大的侵略国的人民又是过着什么样的生活呢？他们的命运和遭遇并不比被侵略的弱小国家的人民好多少，疾病、创伤、破产、死亡的命运也在等待着他们。发胜利财的是那些王公大人；倒霉的却还是人民群众、小生产者。墨子也无情地揭露战争给侵略国人民带来的灾难：

> 春则废民耕稼树艺，秋则废民获敛。今唯毋废一时，则百姓饥寒冻馁而死者，不可胜数。今尝计军上（据孙诒

让校，“上”字应是“出”字），竹箭、羽旄、幄幕、甲盾、拨劫〔jié 杰〕（据吴毓江《墨子校注》改“劫”为“劼”），往而靡弊腑冷（据毕沅说，“腑冷”即“腐烂”），不反者，不可胜数；又与矛戟戈剑乘车其列往（整整齐齐地出发），碎折靡弊而不反者，不可胜数；与其牛马，肥而往，瘠而反，往死亡而不反者，不可胜数；与其涂道之修远，粮食辍绝而不继，百姓死者，不可胜数也；与其居处之不安，食饭之不时，饥饱之不节，百姓之道疾病而死者，不可胜数；丧师多不可胜数，丧师尽不可胜计。……国家发（废）政，夺民之用，废民之利，若此甚众，然而何为为之？（《非攻中》）

罪恶的战争，对多数国家，对多数人民都是有害的。墨子曾用一个生动的比喻来说明战争的害处。他把战争比作医病，说比如有一种药，一万人吃了，只好了四五个人，这种药就是无效而有害的。战争的结果如果只便宜了荆吴之王、齐晋之君，这就肯定战争是极端有害的，所以应当反对（《非攻中》）。墨子在《非攻上》曾生动详尽地论证了战争是亏人而自利的：

今有一人，入人园圃，窃其桃李，众闻则非之，上为政者得则罚之。此何也？以亏人自利也。至攘人犬豕鸡豚〔tún 屯〕者，其不义又甚入人园圃窃桃李。是何故也？以亏人愈多，其不仁兹（滋）甚，罪益厚。至入人栏厩，取人马牛者，其不仁义又甚攘人犬豕鸡豚。此何故也？以其亏人愈多。苟亏人愈多，其不仁兹（滋）甚，罪益厚。至杀不辜人也，扡〔tuō 拖〕其衣裘，取戈剑者，其不义又甚入人栏厩取人马牛，此何故也？以其亏人愈多。苟亏人愈多，其不仁兹（滋）甚矣，罪益厚。当此，天下之君子皆知而非之，谓之不义。

今至大为攻国，则弗知非，从而誉之，谓之义。此可谓知义与不义之别乎？

我们可以看出，墨子之所以反对战争，完全是为了反对统治阶级的侵略和掠夺，是为了劳动者、小生产者的利益着想的。事实再清楚不过，只要有战争，无论是大国或小国，无论是战胜国或战败国，首先遭到损失的总是出钱出力的老百姓。所以墨子希望实现和平，希望“饥者得食，寒者得衣，劳者得息”，劳动者能获得起码的生活条件。他的主张是正义的，所以是正确的。这种憎恨侵略战争、向往和平的优良传统，直到今天也还鼓舞着我们。如果用一句话来概括墨子哲学的全部精华，那就是他热爱和平、反抗侵略的思想。墨子体现了中国古代劳动人民朴质、善良、坚贞不渝的性格。

墨子“非攻”的主张不是无条件地反对一切战争，而是反对“强凌弱，众暴寡”的非正义的战争。他并不反对抵抗暴力、保卫和平的战争。不但不反对，而且用实际行动来支持抵抗暴力、保卫和平的一方。他认为汤伐桀、武王伐纣的战争是代表人民除残去暴的正义行为。汤对于桀，武王对于纣，虽然用兵，但不能算是侵略（攻），应该算是讨伐（诛）。讨伐人民的敌人，其性质和侵略战争根本不同，如果混淆了这两者的根本区别，那就是不知“类”。

如果结合墨子当时的社会历史条件来看墨子的反对侵略战争的思想，就会发现他的主观愿望和历史发展的道路是存在着矛盾的。历史发展要求从分散割据的局面走向统一的中央集权的局面。也只有迅速地结束了分散割据的局面以后，才会真正减少战争，而结束分散割据的唯一方式就是通过兼并战争。古代的历史就是从许多表面上看来似乎盲目的行动中，体现了历史发展的必然规律的。历史总是沿着必然的规律，向既定的方向前进着。墨子的主观愿望是好的，他不愧为一个同情人民、有高度善良愿望的思想家和政治活动家。但他无法科学地认识历史发展的必然方向，因而他反对战争的理想固然反映了一部分现实情况（像战争给人民带来的痛苦），却对消灭或避免战争提出了极不现实的办法，这一点集中表现在墨子的“兼爱”学说中。

墨子“非攻”主张的理论基础就是“兼爱”的学说。

墨子不但反对一切侵略战争，并且企图消除一切侵略战争发生的根源。他认为：

> 圣人以治天下为事者也，必知乱之所自起，焉（乃）能治之；不知乱之所自起，则不能治。……当察乱何自起？起不相爱。臣子之不孝君父，所谓乱也。子自爱不爱父，故亏父而自利；弟自爱不爱兄，故亏兄而自利；臣自爱不爱君，故亏君而自利，此所谓乱也。虽父之不慈子，兄之不慈弟，君之不慈臣，此亦天下之所谓乱也。父自爱也，不爱子，故亏子而自利；兄自爱也，不爱弟，故亏弟而自利；君自爱也，不爱臣，故亏臣而自利。是何也？皆起不相爱。（《兼爱上》）

根据以上的推论，墨子认为当时国与国之间的战争都是由于“不相爱”。如果要天下治而不乱，那只有做到“兼相爱、交相利”，以“兼”来代替“别”。“兼”，在墨子看来是大公无私、不分彼此、关心别人如同关心自己一样的高尚品质。具有这种高尚品质的士，墨子称他做“兼士”；具有这种高尚品质的国君，墨子称他做“兼君”。和“兼”相对立的是只顾自己、不为旁人设想的自私自利的恶劣品质，墨子把这种品质叫做“别”。具有这种坏品质的士，墨子称他“别士”；具有这种坏品质的国君，墨子称他“别君”。甚至后来墨家分化为好几派，他们互相称呼其他派别的墨家叫做“别墨”。

但是，墨子把战争的起源、社会的不合理现象，都归结为道德品质问题，却完全是以主观臆测对待客观存在的实际问题。

墨子从善良的愿望出发，反对不义的战争，把反对战争的理论基础安放在“兼爱”的学说上，却没有能够找寻侵略战争和互相争夺的社会根源，认为人间之所以有战争，是由于人们不明白“兼爱”的道理。墨子把社会混乱的根源归结为人类的认识错误，这显然是不符合事实的。

墨子把当时父子、兄弟之间的关系和国君、人民之间的关系看做同类性质的关系，这是原则上的错误。因为当时的国君和百姓根本不可能“兼相爱、交相利”，事实上他们之间的关系除了有相互依存的一面外，还有对抗的一面。这种对抗关系在某种情况下还可能大大激化，演变成大规模的剧烈冲突。墨子的“兼爱”的道理并不难懂，可是以墨子的锲而不舍的精神，以墨学几百年来的广泛传播，却没有遇到一个“兼君”，倒是教育出了一些为国君忠心服务的敢死之士，其中的道理是值得深思的。

墨子“兼爱”的主张企图使统治者与被统治者之间相安无事，和平共处，尽量做到“强不劫弱，众不暴寡，诈不谋愚，贵不傲贱”，可是按照墨子的办法，上下贵贱之分和旧秩序是实际存在而不能改变的。

当然我们也不应该仅仅根据墨子的思想方法的失误，连墨子的反映广大人民的求生存、爱和平、反侵略的合理的愿望也一笔勾销，这对于墨子和墨学的评价是不公平的，和当时的实际情况也是不符合的。

正因为反对侵略战争是反映了广大人民的正义的愿望，所以墨子的“非攻”的主张，构成了他的学说中强有力的核心部分。墨子对于侵略战争的认识是深刻的，他完全理解战争给当时的小生产者、劳动者带来的痛苦。正因为如此，在“非攻”这一问题上，他接触到了真理。无论如何，用千百万人民的生命，用广大人民创造出来的财富，去进行残酷的侵略战争，人民是有权利提出质问的。用千百万人民的生命争夺一个城市，毁掉当时最缺少的——人，以换取当时不缺少的——地，人民是有权利提出抗议的。

墨子反对侵略战争的理论根据，就是“兼爱”的学说。根据上文的分析，墨子所说的“兼爱”，是从精神方面、心理状态方面出发来对待人与人的社会关系的。墨子把千百万人民群众的正义的呼声——反对侵略战争——安放在一个善良愿望的基础上，造成了理论上致命的弱点。这一点是墨子自己不可能认识到的，反而把“兼爱”当做他和他的学派的积极主张，把“非攻”当做实现他的“兼爱”和“天志”（墨子“天志”的主张，见下文专章论述）的理想的手段，显然头脚倒立了。孟子发现了这个问题，全力攻击“兼爱”学说。孟子为了世袭贵族的利益，也提出了一些反对战争的口号。他也反对“争城”、“争地”的战争，也反对贵族过分地剥削人民。但孟子是因为担心贵族这样搞下去会垮台，认为人皆有“不忍人之心”，良心上过不去，所以应当不要杀人。这和墨子所主张的为了百姓人民的大利，在基本立场上是不同的。

总之，墨子的“非攻”的主张，是有事实根据的，是墨子学说中的精华部分。但墨子把“非攻”这一正义主张，安放在“兼爱”和“天志”这样的主观愿望的基础上却是错误的。墨子“非攻”的主张，诚然表达了当时人民群众的主观要求，但由于墨子受当时历史条件的限制，还远说不上从社会发展的整体利益来认识战争的意义。墨子固然也曾用“攻”和“诛”来划分正义和非正义的战争，但他把正义的标准安放在“天”的意志上，认为只有不敬鬼神的暴君，触犯了“天”的意志，才成了被讨伐的对象。这样，就把战争的正义或非正义的标准归结到不可捉摸的“上帝”或“鬼神”的意志方面去，人类也就不能掌握了。这种不正确的观点是必须加以指出的。

五　非乐、非命、节用、节葬

墨子从“国家人民之大利”的立场提出了节用的原则，至于非乐、非命和节葬的主张，实质上是“节用”原则的应用，是防止贵族浪费的具体措施。墨子认为最大的浪费是战争，因此主张“非攻”，宣传“兼爱”。但是当时的王公大人、贵族们给人们增加的痛苦，绝不止侵略战争这一项。战争虽然常常发生，但毕竟有停歇的日子，而贵族压榨劳动者和小生产者却是无止境的，也是百姓所受痛苦的最大原因。

墨子为了减轻小生产者和劳动者的经济负担，为了改善他们的起码的物质生活，一方面要求增加生产，提高生产能力，另一方面要求贵族限制一下奢侈的生活。这就是墨子非乐、非命、节用、节葬的实际意义。

墨子自己曾说过：

凡入国，必择务（“务”就是当前迫切需要解决的问题）而从事焉。国家昏乱，则语之“尚贤”、“尚同”；国家贫，则语之“节用”、“节葬”；国家憙（喜）音湛湎〔miǎn免〕（沉醉在酒中），则语之“非乐”、“非命”；国家淫僻无礼，则语之“尊天”、“事鬼”；国家务夺侵凌，则语之“兼爱”、“非攻”。（《鲁问》）

墨子的主张虽然分为10项，但这10项主张并不是孤立的，而是有联系的。墨子的基本思想，是“兴天下之利，除天下之害”。什么是“天下之害”呢？就是墨子所说的“饥者不得食，寒者不得衣，劳者不得息”（《非乐上》），墨子有时还补上一条就是“乱者不得治”。合起来看，那就是要求天下人民都能过饱食暖衣、和平幸福的生活，实现“国家之富，人民之众，刑政之治”（《尚贤上》）。他的10项主张，所说的还是一件事。

墨子主张“非乐”，为什么主张废除音乐艺术的享受呢？墨子说，动人的音乐好听，但不能解决广大人民最迫切的生活问题，听音乐不能当饭吃，不能当衣穿，所以应当反对：

民有三患：饥者不得食，寒者不得衣，劳者不得

息，三者民之巨患也。然即当为之撞巨钟、击鸣鼓、弹琴瑟、吹竽笙而扬干戚，民衣食之财将安可得乎？（《非乐上》）

墨子指出了王公大人欣赏音乐的害处。为了奏音乐，要一套设备，设备费是要由老百姓负担的。有了设备，没有人演奏还是不行，比如一口大钟如果没有人去敲它，和一只扣着的锅子没有什么两样。而演奏还是要乐人去效力。老弱都不能胜任乐人的工作，必定要年轻力壮的男女才行，男的耽误了种田，女的耽误了纺绩，这又浪费了劳动力。仅仅从演奏音乐这一点来说，已经使生产遭到了损失。但还不止此，演奏者、歌舞者决不能穿粗布短袄，歌舞的人决不能吃粗劣的粮食，否则营养不良，面黄肌瘦，看起来不免寒伧。这些本来可以从事生产的人，现在反而要靠别人来养活他们。所以墨子认为王公大人欣赏音乐歌舞就是“亏夺民衣食之财”。

墨子更进一步分析音乐艺术的享乐对国家政治和生产所带来的损失：王公大人喜听音乐，就会不理朝政，致使国家昏乱；士君子喜听音乐，就不能尽大臣的职责；农夫好听音乐，则不能早出暮归，好好耕作，致使菽〔shū 书〕粟不足；妇女好听音乐，则不能夙兴夜寐，勤于纺织，致使布帛短缺

（见《非乐上》）。最后，墨子得出了这样的结论：

> 故上者天鬼弗戒，下者万民弗利。是故子墨子曰："今天下士君子，请将欲求兴天下之利，除天下之害，当在乐之为物，将不可不禁而止也。"（《非乐上》）

根据以上的材料，我们可以看出墨子为了减轻小生产者和劳动者的负担，对王公大人的腐朽享乐生活提出抗议，是完全可以理解的。事实上王公大人少一些音乐艺术活动，也确实可以减轻一些劳动者的负担。但墨子未把批评的矛头指向王公贵族利用音乐艺术加重了人民的负担上面，而是责怪音乐艺术本身，这就本末倒置了。照墨子的推论，王公大人们如果放弃他们对音乐艺术的享受，就会留出更多的时间来，把国家治理好，这是没有根据的。

由于墨子不懂得音乐艺术的价值和作用，不懂得音乐艺术的产生和创造是由于劳动和生活体验，所以他对音乐艺术的观点是片面的。他为了反对王公大人过分奢侈的生活，连老百姓正当的艺术生活也要一并取消，这未免因噎废食了。荀子曾说过："墨子蔽于用而不知文"（《荀子·解蔽》），确实说中了墨子的片面性，即他只看到眼前的实利，而没有看到文化艺术对人民生活所起的巨大作用。

但是必须指出，墨子反对当时贵族奢侈腐化的享乐生活，指出他们的享乐是建筑在广大劳动者的饥寒痛苦之上的，这是正确的。墨子提出既然广大劳动者不能享受，那么贵族也不该享受。在这一意义上，墨子指出音乐艺术并不是不美，只是眼前迫切需要解决的是人民饥寒交迫的生计问题。他这种抗议，反映了人民的愿望，喊出了人民的不平的呼声。他对于王公大人的抨击，其进步性是应当得到肯定的。

墨子提出“非命”的主张，主要用意在于教人不要坐等命运的支配。“非命”说也反对儒家所宣称的“生死有命，富贵在天”的命定论。

墨子认为一个人富贵贫贱不是天生的，而是由于努力或不努力的结果；国家的治乱，不是命定的，而是君主努力或不努力的结果。所以墨子认为真正能够决定国家命运或个人命运的，是主观的“力”。在当时，在一定程度上，这种观点是值得肯定的。他首先指出，相信有命的说法是错误的：

> 执有命者之言曰：命富则富，命贫则贫；命众则众，命寡则寡；命治则治，命乱则乱；命寿则寿，命夭则夭。（《非命上》）

反对那些相信有命的人把一切后果完全归到命，自己则不负任何责任的做法。墨子说：

> 昔上世之穷民，贪于饮食，惰于从事，是以衣食之财不足，而饥寒冻馁之忧至。不知曰：我罢（“罢”读“疲”，无能的意思）不肖，从事不疾（“疾”是努力的意思），必曰：我命固且贫。
>
> 昔上世暴王，不忍其耳目之淫、心涂（心志）之辟（僻），不顺其亲戚，遂以亡失国家，倾覆社稷。不知曰：我罢不肖，为政不善，必曰：吾命固失之。（《非命上》）

从墨子的“非命”主张可以看出春秋末期的小生产者初步形成一种社会力量时，他们对自己的力量已有了一定认识，尽管这些认识是很模糊的。对于世界的起源和社会的构成，他们是不能理解的，因而他们把“上帝”和“鬼神”看做最后的决定力量，但在一定程度上，也开始认识了人类劳动所产生的巨大力量，因而他们认为国家的兴亡、个人的富贵贫贱不完全是命运的安排，而主要靠主观的努力。墨子说：

> 昔桀之所乱，汤治之；纣之所乱，武王治之。当此之时，世不渝（“渝”是变的意思）而民不易，上变政而民改俗。存乎桀、纣而天下乱，存乎汤、武而天下治。天下之治也，汤、武之力也；天下之乱也，桀、纣之罪也。若以此观之，夫安危治乱存乎上之为政也，则夫岂可谓有命哉？（《非命下》）

这里墨子提出统治者的主观努力对天下的治乱起着决定作用，给那些命定论者以沉重打击。但是墨子的历史观和古代其他的哲学家一样，仍有很大的主观性。他把推动社会向前发展的力量，从不可知的“命”搬到少数天才的圣人手中。认为桀、纣可以乱天下，而“天下之治”也是“汤、武之力”。但是我们不能因此而抹杀墨子“非命”说在当时的进步意义。

墨子认为，不但天下的治乱系于治天下的王者的主观努力，个人的富贵贫贱也系于每一个人的努力与否：

> 今也王公大人之所以蚤（早）朝晏退，听狱治政，终朝均分，而不敢怠倦者，何也？曰：彼以为强（“强”是努力的意思）必治，不强必乱；强必宁，不强必危，故不

敢怠倦。

今也卿大夫之所以竭股肱之力，殚其思虑之知，内治官府，外敛关市、山林、泽梁之利，以实官府，而不敢怠倦者，何也？曰：彼以为强必贵，不强必贱；强必荣，不强必辱，故不敢怠倦。

今也农夫之所以蚤（早）出暮入，强乎耕稼树艺，多聚菽粟，而不敢怠倦者，何也？曰：彼以为强必富，不强必贫；强必饱，不强必饥，故不敢怠倦。

今也妇人之所以夙兴夜寐，强乎纺绩织纴，多治麻统葛绪，捆布缪〔xiāo肖〕，而不敢怠倦者，何也？曰：彼以为强必富，不强必贫；强必暖，不强必寒，故不敢怠倦。（《非命下》）

相反地，如果相信一切都是命定的，在墨子看来那就会出现完全不同的结果：

今虽毋在乎王公大人，蕡（据俞樾《诸子平议》"蕡"字是"籍"字误写）若信有命而致行之，则必怠乎听狱治政矣，卿大夫必怠乎治官府矣，农夫必怠乎耕稼树艺矣，妇人必怠乎纺绩织纴矣……则我以为天下衣食之财

将必不足矣。（《非命下》）

墨子这里反复讲到“强”的重要性，“强”就是努力。最后，墨子认为命定的说法是极端有害的：

命者，暴王所作，穷人所术（“术”即“述”），非仁者之言也。今之为仁义者，将不可不察而强非者，此也。（《非命下》）

我们清楚地看出在墨子的“非命”说中，强调人为力量的重要性，反对坐享其成的消极思想，就这一点来说，墨子的主张是完全正确的。墨子的“非命”和他的“天志”说是互相配合的。墨子认为“天”的意志是叫人和平相处，努力生产，所以墨子认为儒家相信“命定”说，轻视生产，是违反了“天”的意志的。墨子的“非命”说，一方面反对怠惰，一方面也在反对儒家的“命定论”。墨子十分关心生产的发展、人民生活的改善，他一再宣称他的“非命”的目的，在于“必使饥者得食，寒者得衣，劳者得息，乱者得治”（《非命下》）。这是极可珍贵的。但也不能因此否认墨子的“非命”说的弱点。

墨子对贵族世卿的妥协的立场，使他分不出劳动者和贵族世卿的利害关系有对立的一面。他错误地把王公大人统治百姓和农夫的“耕稼树艺”看做同等性质。实际上，只有后者的劳动才能创造财富。墨子经常把王公大人和劳动者并列起来，当做一个整体，好像是互相配合、分工合作的两种人。诚然，在一个社会经济体系内，人们的社会经济地位是有不同的，但是在统治者和被统治者之间存在着相互依存和相互对抗的两重关系，而不单纯是分工合作的关系。墨子在不触动剥削制度的前提下单纯要求劳动者“不敢怠倦”地从事生产，并认为人民的贫困、饥寒是由于工作不努力的结果。这种观点显然是片面的。先秦时期，孟子、荀子、韩非子都有类似的说法。墨子之前的老子认为：“民之饥，以其上食税之多，是以饥。”（《老子》第七十五章）正确地指出了百姓贫困的根源。墨子主观上是维护劳动者的利益的，但是，由于他的妥协性，使得一些观点出现了片面性，才说出这种不合事实的话来。

“节用”、“节葬”和“非乐”、“非命”的中心思想是一致的。墨子认为衣服只要“冬以圉（御）寒，夏以圉暑”即可，饮食、舟车、房舍等凡是生活所需的东西均应以实用为宜。反对华而不实，铺张浪费。墨子说：“费财劳力，民不加利者，不为也。”又说：“用财不费，民德不劳。”（《节用上》）倡导节用、节葬的目的在于减轻人民的负担，限制王公大人的奢侈浪费。他说：“富贵者奢侈，孤寡者冻馁，虽欲无乱，不可得也。”（《辞过》）贵族富豪穷奢极欲，必然厚敛于百姓，使百姓陷于饥寒，导致天下大乱。

墨子在《节葬下》一节中，描写了当时厚葬的情况：

> 棺椁必重，葬埋必厚，衣衾必多，文绣必繁，丘陇必巨。……金玉珠玑比乎身，纶组节约，车马藏乎圹。

墨子指出，那些王公大人不但生前过着骄奢淫逸的生活，死后还要厚葬，极大地浪费了社会财富。

墨子为了劳动者的利益，在消极方面提出了“节用”、“节葬”的主张，在积极方面提出了增加财富和增加人口的方案。墨子主张不分贵贱，一律用三寸厚的木板做棺材，不要殉葬的物品，反对三年之久的丧制，反对在丧葬期间“强不食而为饥，薄衣而为寒”弄到身体瘦弱，以及“扶而能起，杖而能行”这种毁坏身体的繁重仪式。墨子指出，厚葬，把有用的财富埋在地下，结果必然使人民贫困；久丧，毁坏身体，又使男女隔离，必然使人口减少；居丧期间，贵族不能过问政事，人民不能从事生产，结果使得“国家必贫，人民必寡，刑政必乱”。（《节葬下》）

在墨子的时代，贵族奢侈浪费，享乐腐化，同时，他们还利用生活的过分享受来显示他们社会地位和政治地位的优越。墨子对当时这种社会现实进行揭露和批判，无疑是具有进步意义的。墨子最早指出，人是依靠劳动才能维持生活的。他提出了极有价值的原则：

赖其力者生，不赖其力者不生。（《非乐上》）

不赖其力而生活，在墨子看来是不应该的，“不与其劳而获其实”是犯罪的，“亏人愈多，不义愈甚”。墨子并没有明确地说寄生生活是可耻的，但照墨子的理论发展下去，势必得出不劳动是可耻的结论。事实上墨子的后学已经正式批评了当时的王公大人是“厉民而自养”。

墨子在“节用”和“节葬”的主张中，要求统治者和被统治者的生活水平一律平等，在古代生产条件下，墨子只能采取降低贵族世卿生活水平的办法。这种主张自然是对广大人民有利的，虽然事实上做不到，但不可否认，这种主张在客观上模糊了等级制度的界限，缩短了贵族世卿和劳动者之间的差距，也还是有重大意义的。我们只要看当时有些哲学家对他的攻击，说他“慢差等”，说他不知道“贵贱有仪”，甚至恶毒地咒骂他是“无父”的“禽兽”，就可以想象得出，这位伟大的哲学家是怎样地触到了他们的痛处。

总的看来，墨子的节用主张是具有进步意义的，他看到侈靡的音乐艺术享乐给人民带来沉重的负担，就提出抗议；当命定论使人懒惰、不努力生产时，就提出增加生产的主张，以求人民免于饥寒；当贵族世卿奢侈浪费达到惊人的程度、使人不能忍受时，就对饮食、衣服、住室、财用各方面提出了节约的主张；当丧葬的仪式发展到繁文缛节费钱耗时时，就提出薄葬、短丧的主张，并要求缩小贵族世卿和人民之间生活的距离。这些都是值得称赞的。

墨子的主要精神在于先要照顾广大人民的利益，先要求人民的生活不饥不寒，然后再要求提高。在这些问题上，墨子确实喊出了当时人民要喊的声音，他的伟大之处正在于此。如前面所说，他有不少主观愿望和客观事实相违背的地方，墨子哲学中也有许多矛盾和缺点，这是由多方面的原因造成的，我们正是要肯定其进步性，批评其不足，发掘古代优秀思想。

六　尚贤、尚同

墨子在《鲁问》篇中说："国家昏乱，则语之尚贤、尚同。"意思是说国家政治昏暗纷乱之际，就向国君宣传"尚贤"、"尚同"的重要意义。《尚贤》、《尚同》篇是墨子争取改善小私有者社会地位的纲领。

墨子在《尚贤》中提出任用、选择贤士的一系列纲领性意见。春秋末期，世袭贵族宗法制度的基础已经开始动摇，当时各诸侯国政局动荡，政治昏暗，世袭贵族为了挽救自己的灭亡的命运，开始招纳人才。而当时的手工业者、小私有者，由于生产的发展，在经济上逐渐取得更多的独立地位。他们获得的自由越多，生产积极性也越高。这一变化，在墨子的时代，就是"士"的地位提高，"士"的阶层扩大，要求过问政治。这就是"尚贤"说产生的客观原因。

在春秋初期、中期，世袭贵族的统治占主要地位的时候，统治者和被统治者的关系建筑在宗族血缘关系上，君臣的关系、大夫家臣和人民的关系，是宗族血缘关系的扩大。富者与贵者是统一的，贫者与贱者也是统一的。富贵与贫贱的身份几乎生来就是决定了的、不可改变的。因此，这时期不发生“尊贤”或“尚贤”的问题，只有“亲亲”的问题。所谓“周道亲亲”，其实就是用宗族关系作为人与人之间联系的纽带。

孔子时代已提出了“举贤才”的主张。当时，世袭贵族为了加强他们的统治，需要找一些干练的、有能力统治人民的人物。最初选拔的“贤才”绝大多数是从没落的、失势的、被压抑的世袭贵族中间选拔。到春秋末期，开始真正选拔那些非世袭贵族出身的“贤才”。根据书传记载，当时，孔子的弟子，真正出身于贵族的只有两人。墨子的弟子，从他们从事手工业的技能和他们吃苦耐劳的精神来看，绝大多数应当是出身于劳动者阶层的。墨子一再提出：“农与工肆之人”，只要他贤能有才，也可以参加政治。这种思想和要求，并不是他的空想，而是在当时的客观情况下有了实现的可能才提出的。

墨子提出“尚贤”的主张，在当时对于世袭贵族的特权，在客观上起着瓦解的作用。墨子说，“欲国家之富、人民之众、刑政之治”，只有“尚贤”。“尚贤”是为政之本，他认为要使国家得治，首先在于网罗贤才：

> 国有贤良之士众，则国家之治厚；贤良之士寡，则国家之治薄。故大人之务，将在于众（“众”是加多、聚集的意思）贤而已。（《尚贤上》）

墨子并且主张用提高贤士的物质待遇和社会地位来招纳天下的贤士，使他们有参与政权的机会。他提出为贤士寻找政治出路的主张，具体地说，就是为那些部分反映小生产者、小私有者的利益的“士”开辟政治道路。

所谓的“贤士”就是具有墨子或墨家的道德标准的人。贤士的标准，《尚贤下》说：“有力者疾以助人，有财者勉以分人，有道者劝以教人。”也就是那些“厚乎德行，辩乎言谈，博乎道术”（《尚贤上》）具有墨家政治观点的有学识的知识分子。

墨子不但提出贤士的标准，而且提出选拔贤士的具体办法。这在当时，对于世袭贵族制度是一种相当激烈的改革性的见解，因为他的选拔贤士的主张是针对西周几百年的旧习惯、旧制度提出的，是为那些素无社会地位的“农与工肆之人”出身的知识分子争取参与政治活动的。墨子假借古代圣王的名义，宣传他的任贤使能的主张，他说：

故古者圣王甚尊尚贤而任使能，不党父兄，不偏富贵，不嬖〔bì 必〕颜色，贤者举而上之，富而贵之，以为官长；不肖者抑而废之，贫而贱之，以为徒役。（《尚贤中》）

墨子在这里正式提出改革世袭贵族制度的要求，只有对“贤者”，才可以“富而贵之”，只有对“不肖者”，才可以“贫而贱之”。贤者为官长，不贤者为徒役。而在过去，只有富贵者才能任官长，贫贱者只能当徒役。

在墨子的“尚贤”主张中，还提出初步的法治思想，给后来的法家韩非一派准备了思想条件。他说：

圣人听其言，迹其行，察其所能而慎予官，此谓事能。故可使治国者，使治国；可使长官者，使长官；可使治邑者，使治邑。（《尚贤中》）

墨子已把尚贤使能的范围扩大，哪怕是贫且贱者，只要他是贤士，墨子就认为他有资格去做官。贤士所做的官可以小到“治邑”，大到“治国”。他以坚决的、严格的态度提出：

> 不义不富，不义不贵，不义不亲，不义不近。
>
> 古者圣王之为政，列德而尚贤，虽在农与工肆之人，有能则举之。
>
> 以德就列，以官服事，以劳殿赏，量功而分禄。故官无常贵，而民无终贱，有能则举之，无能则下之。（以上引文均见《尚贤上》）

正如以上所讲过的，墨家主要代表当时逐渐抬头的小私有者的利益和希望。他们要求在社会的大变动中获得政治参与权，取得一些政治地位，以保护他们自己的经济利益。墨子认为只有像墨家所承认的那些贤者当了“治国”、“治邑”的官长以后，才能实现他们的政治理想，解除天下的公患，使得“饥者得食，寒者得衣，劳者得息，乱者得治”。

墨子和他的学派采取的是平和的“上说下教”的方法。所以他们一方面对当时势力最大的儒家猛烈攻击，一方面视死如归地为国君贵族守城御敌，希望用事实证明他们是贤者，借此取得信任，以便推行他们的学说。

和以上情形相反，在“尚贤”的问题上，墨子在主观上是维持当时的世袭贵族统治秩序的，而在客观上，照墨子的办法做下去，却必然获得破坏世袭贵族制度的结果，而走上像后来法家所主张的官僚政治的道路。

“官无常贵，民无终贱”的响亮口号，朦胧地反映了春秋向战国过渡的新倾向，它标志着世袭贵族制度终归消灭而代之以官僚政治的必然趋势。因此，我们必须指出，墨子的“尚贤”的主张的进步意义和作用远远超过过去对墨家学说的估计。墨家这一群从“农与工肆之人”上升起来的“士”，尽管还只占广大劳动者中的极少数，但他们不但在人格上获得了自由，在经济上得到独立，而且对于政治，也要提出他们的意见，要求过问，并要求参与。这是只有在重大的社会变动时代，只有在广大的“农与工肆之人”形成了一定的社会力量时，才会产生反映他们的经济愿望和政治要求的哲学。我们研究墨子，并不是孤立地研究他个人的思想，而是透过像墨子所代表的学派的研究，可以具体地了解古代社会、古代历史的发展面貌。认识昨天的中国更将有利于认识当前的中国。

墨子虽然也像法家一样，已接触了任贤使能、赏功罚罪的新方向，但仍然主张不要打乱原有的贵贱等级的世袭贵族制度，他幻想用和平妥协的方式，来改善小私有者的经济地位。他的目的不能达到，乃是必然的结果。

“尚同”是“尚贤”的理论基础。“尚”和“上”有时候通用，“尚同”就是“上同”。

墨子在“尚贤”的主张中，已一再强调贤者应当治国、治邑，贤者为官长，贤者要在高位。墨子认为在道德学问上的贤者，在政治地位上也应当是贵者。贤者和在高位者应当统一。“尚同”说的基本思想在于说明贤者所规定的是非标准有真理的价值，而在上的统治者也应当是贤者，所以在上者所规定的是非标准具有真理的价值。

墨子设想古代还没有国家领袖的时候，天下的人各有各的道理。因此一人一个道理，十人有十个道理，百人有百个道理，人数越多，他们的所谓道理也越多。每人都以为自己的道理对，而不赞成别人的道理。所以互相说别人的道理不对。（《尚同中》）

墨子还设想古代没有国家、没有领袖的时候，人人有不同的想法，人人都不知道兼爱的道理，内至一家的父子兄弟，外至天下的百姓，都以“水火毒药相亏害”。那时“天下之乱，若禽兽然”（《尚同上》）。墨子把天下混乱残害的根源归结为两点：第一是缺乏共同的认识，第二是缺乏有权威的领袖。墨子根据他的“天志”的说法，推论出国家社会最高统治者（天子）的选立是由“上帝”、“鬼神”的意志决定的。既然天子是天所选定的，那么层层节制，以下的三公、诸侯、左右将军、大夫，自然都是贤良的。所以墨子尚同的说法，虽然在他的主观愿望上，以为“尚同”于上帝和鬼神的意志，是最公平合理的，但在客观上，这“尚同”于天下的说法，乃是帮助当时的王公大人巩固在人民面前已经动摇的威信的。

照“尚同”的主张，人民的“正长”（君主）由天志选定以后，人民必须以他所属的上级的是非标准作为行为的指导原则。这样，政治上的领导者同时又是道理（义）的教导者，就再也不会有“一人一义”、“十人十义”、“百人百义”，而只有一个共同信仰的道理，那就是墨子自己虚构出来的“天志”的主张——人人相爱，不要侵凌，不要争夺。统一在这样的“义”之下，就是对的，否则就是错的。

和他的“兼爱”的学说陷入同样的错误，他把“尚同”说安放在没有保障、虚构出来的基础上，所以是站不住的。

有些对墨子有偏好的学者，如梁启超等人，不但不认为墨子的政治思想是维护世袭贵族制度的，反而说他有民权民主的思想，说他的理论有些像18世纪法国卢梭的“民约论”。梁启超对于他所根据的材料的解释也是错误的。他把《经上》篇的“君，臣萌通约也”解为“民约”的思想，第一，他所根据的材料不是墨子的，而是后期墨家的；第二，他误解了“约”的意义，“约”不是“契约”的“约”，而是“约束”的“约”。这句话的意思，只是说：“君是民的总管。”

不容讳言，墨子的“尚同”说是宗教迷信的根据，和他的“尚贤”说的光辉意义不能相提并论，是不能通过实践来证实的。我们可以说这是墨子政治理论中最薄弱的一个环节。

墨子的尚同政治思想也还有它进步的一面。他认为从天子到地方上的基层组织，每一级都应该推举有才干的人来负责。他希望能建立一个权力集中、强有力的政治体系。这种要求，不管墨子是自觉或不自觉，却反映了当时百家争鸣中共同关心的问题，反映了春秋、战国时期，在经济上、政治上都已有了走向统一的趋势，具有进步的意义。

与此同时，我们也必须指出，这种政治理想完全实现的条件还远没有具备，其中有些空想的成分。而这种空想是和西周以来分散割据的世袭制度相对立的，它反映了遭到迫害的人民要求结束诸侯混战、分散割据的局面，体现了建立大一统国家的新的要求和趋向。这种要求和他兼爱、非攻的主张是一致的。

七　天志、明鬼

由于时代和阶级的局限，任何一个哲学家，即使是古代的伟大的哲学家，也不可能正确地、科学地认识他自己的哲学的作用和价值。韩非子在《显学》篇中说：

> 孔墨之后……取舍相反不同，而皆自谓真孔墨。孔墨不可复生，将谁使定后世之学乎？

其实即使孔、墨复生，还是无法认识自己的历史地位，因为他们毕竟是2000多年以前的人，他们不可避免地受到历史条件和出身经历的限制，他们不可能正确地认识自己的优点和缺点。墨子所代表的，是2000年前的小私有者和手工业者，它的进步性和它的妥协性交织在一起，在主观上虽要求摆脱现实压迫，而在客观上却不自觉地做了被统治者利用的工具。

墨子在主观上认为他的最主要的学说是“天志”（上帝的意志）。他说：

> 我有天志，譬若轮人之有规，匠人之有矩。（《天志上》）

墨子的“天志”是用来干什么的？墨子说：

> 上将以度天下之王公大人为刑政也，下将以量天下之万民为文学出言谈也。观其行，顺天之意，谓之善意行；反天之意，谓之不善意行。……故置此以为法，立此以为仪，将以量度天下之王公大人卿大夫之仁与不仁，譬之犹分黑白也。（《天志中》）

可见墨子是用“天志”来作为王公大人和天下万民言行的尺度的，墨子认为只有“天志”才是人类行为的客观标准。

“天志”对王公大人和一般平民的具体要求是什么？墨子也有明确的解说：

天之意不欲大国之攻小国也，大家之乱小家也，强之暴寡，诈之谋愚，贵之傲贱，此天之所不欲也。（《天志中》）

照墨子看来，上帝的意志不但在消极方面限制人们：某些事情不能做；并且在积极方面还鼓励人们：某些事情要努力去做。“天志”希望“人之有力相营，有道相教，有财相分也”。这样做的结果就是“刑政治，万民和，国家富，财用足，百姓皆得暖衣饱食，便宁无忧”。（《天志中》）

根据《墨子》书中所描绘的“天志”，不难看出，这恰恰是墨子和他所代表的小生产者和劳动者对于和平幸福生活的向往。墨子相信鬼神，并认为鬼神可以给人赏罚祸福。墨子还举出一些古代史传和传说中的例子来“证明”鬼神是确实存在的。这样，墨子就陷入了宗教迷信的泥坑里。他放弃了自己的注重效果、注重实践的精神，不用实践考验古代史传传说的可靠性，相反地，却做了古代传说和迷信的俘虏。

鬼神所惩罚的是什么人呢？墨子认为鬼神专惩那些“吏治官府之不絜（〔jié 洁〕正直）廉，男女之为无别者，鬼神见之；民之为淫暴寇乱盗贼，以兵刃毒药水火迓（〔yà 亚〕迎接）无罪人乎道路，夺人车马衣裘以自利者，有鬼神见之”。（《明鬼下》）

鬼神的赏罚，在墨子看来，并不是专对那些小民的，鬼神对于那些有权有势的人也不例外。墨子说：

> 鬼神之罚，不可为富贵众强、勇力强武、坚甲利兵，鬼神之罚必胜之。若以为不然，昔者夏王桀贵为天子，富有天下，上诟天侮鬼，下殃杀天下之万民……故于此乎，天乃使汤之至明罚焉。（《明鬼下》）

可见墨子对于上帝和鬼神的一些看法，基本上是继承了古代的宗教迷信，但墨子对于上帝和鬼神也作了某些“合理”的修正。他所说的“天”和“鬼神”是按照当时小生产者所要求的公平合理的愿望塑造出来的。墨子所诚心信奉的上帝和鬼神根本就是墨子所代表的这一社会阶层自己的虚幻的化身，尽管墨子没有自觉到这一点。在春秋末期，小私有者和手工业者逐渐取得独立的地位，形成一定的社会力量时，他们不能不有改善自己的生活条件和社会地位的要求。墨子的“天志”和鬼神的意志，正是反映了这一被压抑阶层的意志。尽管当时的手工业者和小私有者的社会力量还不可能形成自觉的力量，但是他们在社会实践中却成为一种自发的斗争的力量。

墨子把他们的希望寄托在“上帝”和“鬼神”的身上，希望通过“上帝”和“鬼神”的威力使那些特权阶层也受到一定的裁制。因而他们幻想出有一个最高的、公正的、有智慧、有权力的“上帝”或“鬼神”来给他们主持正义。这种幻想出来的超人的权威，反映出墨子想把他们自己的社会阶层变成权威。

墨子和他的门徒也是最虔诚的“天志”的实现者。他们的确按照“天”的意志做到“有力相营”、“有财相分”、“有道相教”的地步，但实际上当时小生产者的生活并没有因此得到改善，他们的社会地位并没有因此得到提高。

宗教问题是现实世界的“反映”，但它的反映，不是如实的反映，而是曲折的反映。墨子对当时的残酷的压迫，由于历史和阶级的局限性，不可能提出革命的办法，而是采用向统治者说教的办法，竭力为国尽忠，做国君的“良师”、“益友”、“忠臣”。墨家自以为这样做，可以得行其道；而事实刚好相反，当时的国君之所以尊重墨家，主要是看中了墨子和他的学派的上述特点和他们具有善于守御的技术。

墨子的“天志”、“明鬼”的主张，固然在主观上是为了庶民阶层的利益，想要使当时的无法无天的贵族统治者、王公大人弃恶从善，但这种主张也常常使得广大劳动者在残酷的剥削下，拼命降低生活要求，拼命多做工，不敢萌生任何反抗的念头。墨子有善良的主观愿望，但把宗教迷信作为思想武器，常常事与愿违。如果把墨子的宗教观放在春秋末期思想发展的过程中来考察，我们就更能看清墨子的宗教观是起着妨碍科学发展、麻痹人民思想的消极作用的。

“天”的观念的至上性，在春秋末期已经发生了动摇。那时已有人对天发出了“天不可信”的怨言。多少世代里，“天”作为世袭贵族用来统治奴隶、镇压奴隶反抗思想的工具，它的权威已开始动摇了。当时每一个哲学家，要说明社会问题、自然问题，都不能对“天”置之不理。彻底否定“天”具有人格、意志、赏善罚恶的宗教迷信作用的，有老子；对“天”的人格、意志的超人作用采取保留态度的，有孔子；对“天”的信仰不怀疑，并加以修正，使它满足广大劳动人民要求的，有墨子。对于“天”的观念，在春秋三大学派中以老子最进步；孔子则采取左右摇摆的态度；墨子的见解最落后、最保守。墨子企图把已经在人民群众中开始动摇的“天”的基础加以巩固，灌注上新的内容。因为他的方向是错误的，他的愿望不得不落了空。

墨子的“天”以及“鬼神”的观念反映了墨子对当时上层贵族的不满，同时也反映了他对上层贵族的妥协。

八　三表

墨子的学说中，他的认识论是比较光辉的一部分，具有唯物主义的观点。他所提出的认识客观事物的方法和检查认识可靠性的标准就是有名的“三表”或“三法”。“表”和“法”都是标志、标准的意思。“三表”就是判断认识正确与否的三个标准。在《非命上》中说：

> 言必有三表。何谓三表？子墨子言曰：有本之者，有原之者，有用之者。于何本之？上本之于古者圣王之事。于何原之？下原察百姓耳目之实。于何用之？废（发）以为刑政，观其中国家百姓人民之利。

在《非命中》和《非命下》中，也有类似的记述，这里只就《非命上》的“三表”加以阐述。至于“三法”也即上篇中的三表，就不再重述了。

墨子的第一表认为，要判断事情的真假是非，不能只凭主观的印象，而要有历史的根据、前人的经验。这就是他所谓“上本之于古者圣王之事”。墨子和孔子在当时都是博学的人，今天我们所读到的《墨子》中，有许多地方引用了《尚书》、《诗经》，也引用了当时周、郑、燕、齐等国的历史——《春秋》。墨子并不是故意掉书袋，自炫博学，而是为了说明他的论证有根据，他要在前人的经验、历史的记载中寻找间接的经验。间接的经验在认识过程中是必不可少的，这是人类认识的特点之一，是其他动物所没有的。

墨子和他的论敌展开辩论时，经常使用这一武器。墨子在驳斥命定论的主张时，就曾举出古代的一些例子作为证据。他说：

> 古者桀之所乱，汤受而治之。纣之所乱，武王受而治之。此世未易，民未渝，在于桀、纣，则天下乱，在于汤、武，则天下治，岂可谓有命哉？（《非命上》）

墨子更进一步追问那些相信有命的人说：“先王之宪亦尝曰：福不可请，而祸不可讳（违）。敬无益、暴无伤者乎？……先王之刑亦尝有曰：福不可请，祸不可讳。敬无益、暴无伤者乎？……先王之誓亦尝有曰：福不可请，祸不可讳。敬无益、暴无伤者乎？”（《非命上》）墨子的非命学说给当时的命定论者以有力的打击。

墨子的第二表认为判断事情的真伪是非，要根据“百姓耳目之实”，就是说要用广大人民亲身的经验作为标准，不能只凭主观想象。他在反对命定论者的辩论中也曾使用过这一武器。他反问那些相信有命的人说：

> 我所以知命之有与亡（“亡”即“无”）者，以众人耳目之情知有与亡。有闻之，有见之，谓之有。莫之闻，莫之见，谓之亡。（《非命中》）

墨子又说，可是事实上，自古及今，“亦尝见命之物，闻命之声者乎？则未尝有也”（《非命中》）。耳目感官经验是知识的直接来源，通过直接经验可以得到正确的知识，这是一般认识的途径。我们必须肯定，墨子提出了这一点，是对的。但是认识的对象不尽是感官所能直接接触得到的，比如墨子在上面所举的“命”，根本就是一个抽象名词，即使有，也是看不见、摸不着的东西。墨子攻击别人时，常说人家“不知类”，对于这一问题，墨子自己也犯了“不知类”的毛病。如果有人用墨子的方法驳斥墨子，问他，请他把“义”的形状、声音拿出来让大家看看，墨子一定也拿不出来。这是墨子思想不够缜密的地方。

第一表和第二表的重要性已如上述，但墨子的认识论还不是严格的合乎科学标准的认识论。墨子的认识论的主要缺点，在于他不能分别感性认识和理性认识在本质上既有区别而又有联系的辩证的关系。墨子的认识论更多地停留在仅靠感觉经验（有的是古人的——第一表，有的是当前的——第二表）这方面，而忽略了理性认识的重要性。这里，主要的是他不认识实践在认识过程中的作用。因而，墨子知道只凭主观印象容易出错误（这是对的），但他把过去的以及现在的某些根本无法通过实践来证实的所谓“经验”，又常常当做衡量事情真假的标准，这显然是不对的。

墨子所提出的第一表、第二表是唯物主义认识论起脚的第一步，认识必须通过感觉，通过直接经验和间接经验。但是仅仅停留在这一步是不够的，感性认识不上升到理性认识，就不能使人认识到事物的本质，就形不成科学的认识。

关于第三表，墨子认为判断事情的真假是非，要根据“发以为刑政，观其中国家百姓人民之利”。这是墨子的认识论的最主要，也是最根本的思想方法。墨子反对战争，反对世袭贵族奢侈浪费的生活，甚至最为人诟病的《天志》、《明鬼》、《尚同》各篇言论，也都是从这一标准，即以它合不合“国家百姓人民之利”为出发点的。墨子思想中许多丰富的、带有人民性的进步因素，都是在这一标准指导下发展出来的。

当然第三表也有缺点，墨子经常把国家的利益和人民的利益看得没有矛盾，实际上王公大人和百姓的要求和利益有很大的差异，二者既有共同性，也有矛盾性，因此他所提出的“国家百姓人民之利”就失去了标准。因而往往产生了墨子的主观愿望和客观事实相矛盾的结果。

总之，墨子的思想方法，和判断真理的标准（“三表”）的根本精神是唯物主义的。墨子认为判断事物的总的精神和方法，是反对主观，相信客观。他的“三表”都是为了防止认识上的片面性和主观性而提出的。“三表”也都是根据经验（第一表，第二表），根据客观效果（第三表）才作出判断。缺点是他没有把唯物主义贯彻到底。

应当指出，墨子不明白认识和实践的辩证的统一的关系（上文已作过分析），但也不是完全不认识实践的重要性。墨子在某些问题上也还是相当重视客观实践的效果的。他曾在《耕柱》篇中说：

> 言足以复行者，常（尚）之；不足以举行者，勿常（尚）。

又说：

> 言足以迁行者，常之；不足以迁行者，勿常。
>
> 今瞽〔gǔ 古〕曰：钜者白也，黔者黑也。虽明目者无以易之。兼白黑，使瞽取焉，不能知也。故我曰：瞽不知白黑者，非以其名也，以其取也。（《贵义》）

这里墨子的意思是说，议论经得起实践考验的，才重视它；经不起实践考验的，就不重视它。现在如果有一个瞎子说“钜是白色，黔是黑色”，即使明眼的人也无法说他不对。可是把白色、黑色混在一起，叫瞎子选择，他就不能辨别了。所以说瞎子不认识黑白，不是凭他们口说，而是看他们的选择。从以上这些话来看，墨子并不是完全不知道实践在认识中的作用的，并且也承认实践是辨别真假的客观标准。这都是他的认识论中的唯物主义因素。但是遇到另外一些问题，比如关于宗教方面的，关于古代传说方面的许多鬼神迷信的记载，他就放弃了以实践检验真理这一科学原则。

墨子和他的弟子们，既然出身于具有丰富生产知识的劳动者阶层，而且他们还会制造守城的器械，足证他们具有一定的科学知识，在他们科学实践的基础上，会产生自发的唯物主义倾向的认识论，这是完全可以理解的。事实告诉我们，有许多科学家，尽管在他们所研究的某些小范围内，是自发的唯物论者，但是在更广大的知识领域内，特别是对于社会、对于文化、对于历史的发展这些性质复杂、变化繁多的现象面前，他们很容易变成唯心主义者。墨子的社会历史的观点也是唯心主义的，而在认识论方面有唯物主义的因素，这一矛盾不但不值得惊诧，倒是可以理解的。

此外，墨子在思想方法上提出了推理的重要性：

> 彭轻生子曰：往者可知，来者不可知。子墨子曰：籍设而（尔）亲在百里之外，则遇难焉。期以一日也，及之则生，不及则死。今有固车良马于此，又有奴（驽）马四隅之轮于此，使子择焉，子将何乘？对曰：乘良马固车，可以速至。子墨子曰：焉在不知来（怎么说未来的事无法知道）？（《鲁问》）

墨子也最早提出具有科学意义的“类”的概念。指出逻辑上的“界说”（定义）的重要性。墨子经常用揭露论敌分类观念混淆的方法来驳倒对方。例如公输般只知道不可无故杀一个人，可是却替楚国造云梯攻宋国，准备杀害很多的人。墨子在《公输》篇中就曾指斥他“义不杀少而杀众，不可谓知类”，把公输般驳得没有话讲。墨子对于“界说”的认识也是相当明确的。下面有这样一个有名的辩论：

> 子墨子问于儒者曰：何故为乐？曰：乐以为乐也。子墨子曰：子未我应也。今我问曰：何故为室？曰：冬避寒焉，夏避暑焉，室以为男女之别也。则子告我为室之故矣。今我问曰：何故为乐？曰：乐以为乐也，是犹曰：何故为室？曰：室以为室也。（《公孟》）

通过以上这一论辩，我们可以清楚地看出墨子思想方法逻辑的严密性。在墨子思想方法的逻辑性的严密的基础上，后期墨家又进一步作出了极有价值的贡献。

九　后期墨家和《墨经》

（一）后期墨家和《墨经》

现在保存下来的有关墨子及墨家活动的文献资料很少，而对后期墨家更难勾画出一个鲜明的轮廓。我们仅知道，墨子死后，墨家发生了分化，有相里氏之墨、相夫氏之墨、邓陵氏之墨。三家各自自称为真墨（即得墨子学说真传），互称对方为“别（即非正宗的）墨”（见《庄子·天下》篇）。墨家是个有共同政治主张、组织严密的学术团体。战国时，墨家共同信奉的领袖称为“巨子”。“巨子”制度相传确实在墨子及弟子禽滑离之后。据《吕氏春秋·上德》篇记载，墨家巨子有孟胜、田襄子、腹䵍。幸有《墨经》六篇流传（后收入《墨子》一书中）。《墨经》是战国时墨家的著述，据梁启超、郭沫若等人的考证，认为《墨经》六篇是反映后期墨家思想和学说的文献。这六篇是《经上》、《经下》、《经说上》、《经说下》、《大取》、《小取》。它的内容大都属于认识论、逻辑学和科学技术的范围。这六篇著作显然不是一个时代、一个人的作品，而是经过长期酝酿、提炼，逐步形成的，可能在战国时期编定成书。它对墨子的哲学思想作了积极意义的发展，具有鲜明的唯物主义的特色。自然观方面，它抛弃了墨子的天、鬼观念和宗教意识，把哲学跟科学紧密地联系起来。认识论方面，它继承了墨子认识论的传统，发扬了墨子重视经验和实践的特点，同时又在相当程度上克服了墨子狭隘经验论的倾向和错误。逻辑方面，《墨经》对墨子的“故”、“类”等逻辑思想有很大的提高。在反对诡辩论的论争中，集各家逻辑思想之大成，提出了中国哲学史上第一个相当完整的逻辑学系统。在社会政治和伦理思想方面，它发扬了墨子的“兼爱”学说，提出了“义，利也”（《经上》）的著名命题，突出了“利”的中心思想，把它作为标准和基础，用来解释各种社会现象和道德范畴。此外，六篇中还保留了后期墨家和其他思想家争论的材料。总之，在一些理论方面深化了墨子的思想，尤其是先秦诸子学术著作中较少涉及的科学技术方面的知识和应用，受到墨家重视，并在学术上有明确的论述，作出重大的贡献。

（二）后期墨家的认识论和自然观

后期墨家没有提出系统的自然观，但是关于时间、空间和运动的问题，墨家提出了精辟的见解。《经上》说："久，弥异时也。"《经说上》解释道："久，古今旦莫（暮）。"古代、现代、晨、暮，都是不同的、特定的时间（"异时"），时间范畴的"久"，遍括一切特定的时间。《经上》又说："宇，弥异所也。"《经说上》解释道："宇，东西家南北。"意思是说，空间范畴的"宇"，包括东西南北一切不同的、特定的空间（"异所"）。《墨经》又对时间、空间及其运动的联系作出了相当正确的论断。《经下》说："宇或（域）徙，说在长宇久。"《经说下》解释道："长宇，徙而有（又）处宇，宇南北（当作宇南宇北），在旦有（又）在莫，宇徙久。"这就是说，事物的迁徙运动必定经历一定的时间和空间（长宇久）。由此时此地到彼地彼时（如由南到北，由旦到暮），时间的流逝和空间的移动两者是紧密结合在一起的，即所谓"宇徙久"。《经下》、《经说下》另有两章用"行"说明同样的思想，显得更加清楚。"行修以久，说在先后。"（《经下》）"行者必先近而后远。

远近，修也；先后，久也。民行修必以久也。”（《经说下》）“行”是走，“修”是距离的远近，“久”是时间的先后，由“行”把“修”和“久”二者结合起来。《墨经》所讲的“徙”、“行”还只是描述机械运动的现象，而不能真正把握运动的本质。但是，正因为它通过“行”来认识世界，很自然地就能在这些描述中，素朴地反映出时间、空间及其与运动相统一的原理。

后期墨家的哲学思想主要集中在认识论方面。

《墨经》对人的生命特征作了分析，《经上》说：“生，刑（形）与知处也。”认为人的生命构成于形体和认识能力两者的结合。睡眠是人的认识能力暂时无知的状态：“卧（睡眠），知无知也。”（《经上》）梦则是睡眠时产生的错觉、幻象：“梦，卧而以为然也。”（《经上》）按照《墨经》的观点，活着的人，形（身体）与知（认识能力）相结合；死了的人，形与知不发生关系。这就改正了墨子有鬼论的错误。不过，它把“形”与“知”并提，有心、物二元论的嫌疑。与此相比，荀子的“形具而神生”的观点，便在后期墨家的思想基础上进一步贯彻了唯物的原则，从而避免了它的理论上的缺陷。

《小取》对人类的认识有精辟的解释：“辩”，“焉

（乃）摹略万物之然”。它说明认识是对客观事物的摹写、反映。《墨经》在一些重要章节中把“知”与“物”对举，说明“物”是独立于“知”以外的，并探寻它们形成变化的原因（故）。《墨经》的认识论是以素朴的反映论为基础的。

后期墨家对人的认识能力也作了唯物的肯定。《经上》说：“知，材也。”《经说上》解释道：“知材，知也者，所以知也，而必知；若明。”这是说人具有认识的能力，它是用以认识事物的工具（“所以知也”）；但是仅有这种能力不一定能形成认识（“不必知”）。如眼有“明”（看见）的功能，但仅有“明”的功能，未必构成“见”的认识。必须通过认识过程，才能形成认识。对此，《墨经》作了分析。《经上》：“虑，求也”；“知，接也”；“知，明也”等章，认为认识是一种能动的活动，人运用自已的认识能力对外界探求：“虑也者，以其知有求也。”（《经说上》）仅有能动的探求，对事物的认识也还“不必得之”。就像光有用眼巡视外界的活动，仍然不必成“见”。要获得认识，必须与外物相接，所以说：“知，接也。”相接之初，是“以其知遇物而能貌之，若见”（《经说上》）。即由接触形成一种感性的知识，摹写事物的形象。这种貌物之知还不够深入，进一步的认识在于“以其知论物”，即把感性指示加以整理、提炼，形成概念。这样的指示才明白透彻，即所谓“知之也著，若明”（《经说上》）。如看见一只鸟，只看到鸟的形态，而不能整理、提炼形成鸟的概念，这种认识只是表面的，还不是深刻的。

《墨经》比较全面地看到了感觉和思维的作用。它肯定感觉是认识的开始，而思维是更深刻的认识。它指出感觉是五官（耳目等感觉器官）的功能，如“闻，耳之聪也”，同时又指出深入的认识要依靠心的辨察，才能“循所闻而得其意”、“执所言而意得见”（《经上》）。就总的思想倾向来讲，后期墨家的特点仍然是重视感觉经验的。它强调一切知识都得通过感觉才能获得，即所谓“惟以五路知”（《经说下》）。有些知识不是得之于当时的感觉，便是由于长期经验积累的结果。《经下》说：“知而不以五路，说在久。”强调感觉经验为认识的开端和基础，这是唯物反映论的基本精神。

《墨经》把知识按其来源分为3种：“亲知”、“闻知”、“说知”。“亲知”是亲身感觉得到的知识，即所谓“身观焉”；“闻知”是由他人传授得来的知识，又分为“亲闻”和“传闻”两种；“说知”是由推理得来的知识。在这3种知识中，后期墨家特别重视“亲知”，认为它是“闻知”和“说知”的基础，好比尺是丈量事物长度的标准和基础。《经下》

说："闻所不知若所知，则两知之。"《经说下》解释道：例如有人看到室外某物为白色，而不知室内某物的颜色，现在告诉他，室内之物与室外之物的颜色相同，他便可推知室内之物也是白的。这是依据了他原有的经验认识的结果。由此得出结论："夫名，以所明正所不智（知），不以所不智（知）疑所明。若以尺度所不智（知）长。外，亲智（知）也（室外之物为白色，是亲眼所见）；室中，说智（知）也（告以室内之物与室外之物颜色相同，由此可推知室内之物也是白色）。"（《经说下》）后期墨家这种对知识分类的学说，表明它的认识论已达到相当高度。

在衡量真伪、是非标准的问题上，《墨经》同样表现出重视实践、强调经验的特色。墨子曾指出："不知白黑者，非以其名也，以其取也。"（《贵义》篇）《墨经》进一步发挥了这种观点，指出："知其所以不知，说在以名取。"（《经下》）"取去俱能之，是两知之。"（《经说下》）"取"、"去"都是选择的行为，也是一种实践活动。他们认为检验知识必须由实践中观察其效验而定。《经上》指出"名"、"实"、"合"、"为"作为标准。"名"是"所以谓"，我们用以认识、说明事物的名词、概念；"实"是"所谓"，即认识、说明的对象；名实相符即“名实耦〔ǒu偶〕”，谓之“合”；“为”便是认识的目的和验证，它包括“志”，即行为的主观动机；“行”即实际行动。《墨经》把“行”、“志”两个方面结合起来，它是墨家“三表”思想的发展。但它抛弃了其中的宗教鬼神思想，并从认识的理论方面作了更深刻的阐发。

后期墨家依据他们的认识论学说，对当时许多诡辩论进行了批判，它说“以言为尽誖誖”（《经下》）。战国时期有些学派（如《庄子·内篇》）认为一切理论都是错的，后期墨家认为持有这种见解是错的。所以说“非诽者誖”。批评得正确与否，并不在于批评得多少，而在于客观上是否应该批评：“诽之可否，不以众寡，说在可非。”（《经下》）从后期墨家的论断中，可以看到他们尊重客观事实、明辨是非的精神。这种精神同样贯穿在《墨经》的逻辑体系中。

（三）后期墨家的逻辑思想

后期墨家发展了古代的逻辑思想，建立了中国哲学史上最早的唯物主义的认识论的逻辑理论。

战国时期，随着思想上理论上论争的发展，各家各派都注意如何运用逻辑思维规律以击败自己的论敌，逻辑学成为当时论战的必不可少的思想武器。当时思想上理论上的论争统称为“辩”。《墨经》对于“辩”的解释是：“辩，争彼也，辩胜，当也。”（《经上》）又说：“辩也者，或谓之是，或谓之非，当者胜也。”（《经说下》）“辩”是双方根据自己的见解争论是非，而“当”者算是胜利。“当”就是合于事实。辩争的双方，或是或非，就看哪一方的理由与事实相符合。与事实符合者胜利，不符合者失败。《墨经》对于“辩”的这种解释，是认为事实是判断是非的客观标准。这种见解构成《墨经》逻辑理论的出发点。

《小取》对“辩”的作用及方法作了如下的阐述：

> 夫辩者，将以明是非之分，审治乱之纪，明同异之处，察名实之理，处利害，决嫌疑。焉摹略万物之然，论求群言之比。以名举实，以辞抒意，以说出故。以类取，以类予。有诸己不非诸人，无诸己不求诸人。

这里说的“明是非”、“审治乱”、“明同异”、“察名实”、“处利害”、“决嫌疑”，是“辩”的作用和目的，这说明思想上的辩争是包含了人的社会政治生活内容的，辩论是为了追求真理，而不是玩弄名词概念。在辩论方法上必须严守逻辑规律。“摹略万物之然”，是说辩论时必须了解事实的真实情况；“论求群言之比”，是要了解各方面对这一辩论事实的看法，这样就能使自己的论据符合事实而又全面。“以名举实”是说所运用的名词概念必须正确地反映客观事物。《经说上》说：“所以谓，名也；所谓，实也；名实耦，合也。”说明凡是词（名）都是表达事物的形式，名是说明客观事物的。客观事物则是被反映的内容，这是认为“实”是第一性的，而“名”是第二性的。“以辞抒意”，辞即是判断，以辞抒意是要求语言清楚正确地表明判断的内容。“以说出故”，“说”是论证，“故”是根据或理由，是说在论证推理时，对所判断的事情要有充分的根据或理由。“以类取，以类予。有诸已不非诸人，无诸已不求诸人”，这是辩论中的类比推论，“类”是指同类的事物和同类的概念，在推理时必须依据“类”，所谓“以类为推”，“类”成为辩论、推理的前提。在辩论中对彼此同类的事物，对方承认彼，就不能不承认此，不承认彼就不能承认此，这就是“以类取”。彼此相同的事物，对方承认了彼，我就提出此来，看他是否承认，这就是“以类予”。对于同类的事物，我承认，对方也承认，我就不能反对对方，这就是“有诸已不非诸人”；对同类的事物，我反对，就不能要求对方承认，这就是“无诸已不求诸人”。

《墨经》对于概念、判断、推理的研究都作出了重大的贡献。

《墨经》首先肯定“实”是第一性的，“名”是第二性的，“名”说明“实”，它主张“以名举实”，《经上》说：“举，拟实也。”“拟”就是摹拟的意思。根据这个原则，《墨经》把“名”分为三类，《经上》说：“名，达、类、私。”《经说上》解释说：“名，物，达也。有实必待之名也。命之马，类也，若实也者，必以是名也。命之臧，私也，是名也，止于是实也。”“达”名是指最高的类概念，如“物”的概念包括了所有的物。“类”名是指一般的类概念，如马，所有的马都包括在马概念里。“私”名是指个别事物的概念，如“臧”，是奴隶的私名，专指某一事物。

《墨经》对于概念的性质有相当深刻的认识。它看到概念是反映事物的本质属性的，事物的属性，存在于事物之中，没有离开客观事物而独立“自藏”的共相。它提出“盈坚白”的观点，反对公孙龙“离坚白”的观点。《大取》说：“苟是石也白，败是石也尽，与白同。”它认为“坚白石”是统一的整体，坚白是石属性，如果石是白的，那么即使把它击碎，它仍然是白的，故白色为石所固有。坚和白只有处在不同的物体中，才互相分离，所谓“异处不相盈”。如果同在一石，坚和白便密切结合。“坚白之撄〔yīng 英〕相尽，体撄不相尽。”（《经说上》）“撄”就是彼此相接，有白之处必有坚，有坚之处必有白。坚与白各是物体属性的一部分。人对于“坚白石”或其他事物的属性有知与不知，但事物的属性总是存在着的。所以说：“于一，有知焉，有不知焉，说在存。”（《经下》）“于，石一也，坚白二也，而在石。故有智（知）焉，有不智（知）焉，可。”（《经说下》）这是说，坚白虽然都含于石，但坚和白是石的两种性质，触石时知坚不知白，看石时知白不知坚。

关于判断，《墨经》称之为“辩”，它指出判断的成立必须符合事实，即所谓“当”。要达到判断正确，必须遵守逻辑思维规律。它说：夫辞“以故生，以理长，以类行”。（《大取》）“故”是指某一现象成立的原因，“故，所得而后成也”（《经上》）。“故”有“小故”、“大故”的区别。“小故，有之不必然，无之必不然”（《经说上》），是指一现象所以产生的必要条件，“无之必不然”是说没有它现象就不能发生；“有之不必然”是说，它只是这一现象所依赖的众多条件之一，有了它，这一现象还不一定产生。“大故，有之必然，无之必不然”（《经说上》），是指一现象依赖的条件的总和，有了它，这一现象必然发生，没有它这一现象必然不能发生。“理”含有道理和规则的意思。“以理长”是说在判断推理时必须按照合理的规则进行推衍。“类”指事物的类，“以类行”是说辩论的结果必须按照事物的类来分别是非同异。这些都是形成判断的不可缺少的因素。

关于推理，《墨经》中提出一系列的方法，如“或”、“假”、“效”、“辟（譬）”、“侔”、“援”、“推”等。

关于“或”，《小取》说：“或也者，不尽也。”《经上》说：“尽，莫不然。”“尽”是指一概念所含对象的全部，即一类事物的全称。这类命题主词的外延尽包含在谓语的外延之中。“或”是指特称命题和选言命题，主词的外延只有一部分包括在谓语的外延中。“不尽然”是说不完全是这样。这种形式的命题相当于形式逻辑的选言判断。

关于“假”，《小取》说：“假者，今不然也。”“假”就是假设，是指假设现在不存在的情况，“今不然”就是目前的实际情况并不如此。相当于假言判断。

关于“效”，《小取》说：“效者，为之法也；所效者，所以为之法也。故中效，则是也；不中效，则非也。”“效”就是效法模仿，“法”就是公式或标准。《经上》说：“法，所若而然也。”“所效者”指效法或模仿的样式或范本。“所以为之法”就是把这个效法模仿的样式或范本当做公式或标准去进行推理。《经下》说：“一法者之相与也尽类，若方之相合也。”即是说一类事物的公式，可以适用于这一类事物的任何个体。例如“方”作为公式，则适合于所有的方物。《经说下》解释说：“一方尽类，俱有法而异。或木或石，不害其方之相合也。尽类犹方也，物俱然。”这是说，所有方的东西都可归入方物一类，如方木、方石虽性质不同，但不妨害它们都是方物。如果以方物为法，推理的结果，如果“所若而然”，就是“中效”，这个判断就是有效的；反之，如果“不中效”，这个判断就是无效的。

关于“辟（譬）”，《小取》说：“辟也者，举也（他）物而以明之也。”“辟”就是譬喻，即借用具体的事或具体的物以说明一件事情或某个道理，这是辩论中常用的方法。例如墨子说：“执无鬼而学祭礼，是犹无客而学客礼也，是犹无鱼而为罟〔gǔ 古〕也。”（《公孟》）这就是用譬喻的方法和论敌争辩。

关于“侔”，《小取》说：“侔〔móu 谋〕也者，比辞而俱行也。”“侔”是齐等的意思，即用同样的东西直接说明论点，如从“白马是马”，推出“乘白马是乘马”；从“车，木也”，推出“乘车非乘木也”。这种方法大体相当直接推论。

关于“援”，《小取》说：“援也者，曰：子然，我奚独不可以然也。”“援”是援引前例或对方所说的话作为类比推理的前提。如它以“恶多盗，非恶多人也，欲无盗，非欲无人也，世相与共是之”（《小取》）为例，而推论出“杀盗非杀人也”，这就是“援”的方法。但是，他这一结论是不正确的，因为它仅仅注意到“盗”与人两个名词的差异，从而否认盗是人，而没有看到“盗”与“人”两个概念的内涵与外延有差异性和共同性两个方面，人的外延包含了盗，所以荀子批评它是“惑于名以乱名”。（《荀子·正名》）

关于“推”，《小取》说：“推也者，以其所不取之，同于其所取者，予之也。是犹谓也（他）者，同也，吾岂谓也（他）者，异也。”“推”即是由已知的事物推出未知的事物，具有归纳推理的意义。“以其所不取之，同于其所取者，予之也”，其中的“其所不取”是指未知的事物，“其所取者”是指已知的事物，“予之也”是进行推论。这句话的意思就是说尚未考察过的事物根据（同于）已经考察过的事物加以类推。“是犹谓也（他）者，同也，吾岂谓也（他）者，异也”，是反复推论、观察、援彼例此，求同别异的意思。

《墨经》接触到“矛盾律”和“排中律”的问题。《经说上》说，“是不俱当，必或不当”，是说两个是非矛盾的论题，不可能都是正确的，其中必有一个是不正确的。又说：

"彼不可，两不可也。"是说一对矛盾的命题，不可以两个同时都是假的。

《墨经》在逻辑方面虽然也有个别的错误，如后来荀子所指出的，但是它对中国古代逻辑的发展作出的贡献是主要的。

（四）功利主义的社会政治伦理

后期墨家认为古今的社会情况是不同的，因此古今的政治制度与伦理观念也应该是不同的，如果以古代的看法来看今天，就是贤明的尧也没有办法治理好的。"自固在之今，则尧不能治也。"（《经说下》）而尧在当时之所以是个好的统治者，那就是因为他能用当时的原则去治理当时的社会，"尧善治，自今在诸古也"（《经说下》）。在后期墨家看来，时代不同了，古与今的"义"也就不同了，"尧之义也，生于今而处于古，而异时，说在所义"（《经下》）。就是说，古今异时，故今人所称尧之"义"，乃是指具"义"的"名"，而不是其"义"的"实"，过去的人所见尧的"义"，则是其"义"的"实"，所以今人指的尧之义与原来尧之"义"是两回事。后期墨家的"义"就是"利"，"义，利也"（《经上》）。他们把"利"作为衡量社会生活的准则。

后期墨家在社会政治观点上继承并发展了墨子的“兼相爱，交相利”的学说，以“利”作为社会生活的准则。他们认为，“利”就是在于使人们得到满足，“利，所得而喜也”（《经上》）。而“害”，就是使人感到厌恶，“害，所得而恶也”（《经上》）。从这个原则出发，他们认为道德行为就是使人趋利避害。

后期墨家提出，人在行动中，应该放弃目前的小利而避将来之大害，或忍受目前的小害而趋将来之大利。他们把这种智慧的选择称之为“权”。他们说：“于所体之中而权轻重之谓权。权非为是也，亦非为非也；权，正也。断指以存擘（臂），利之中取大，害之中取小也。害之中取小者，非取害也，取利也；其所取者，人之所执也。遇盗人而断指以免身，利也；其遇盗人，害也。……利之中取大，非不得已也；害之中取小，不得已也，所未有而取焉，是利之中取大也。于所既有而弃焉，是害之中取小也。”（《大取》）这就是说，人所避的及所应避的，不是目前的小害，而是将来的大害。在取利上人是比较主动的，故可取大，但在避害上人是被动的，故当取小。如果断去一个手指，可以保全整个手，就无妨取目前的小害，以避将来之大害。

根据上述观点，后期墨家解释了各种社会政治道德范畴。《大取》中说：“义，利；不义，害；志功为辩。”认为“义”不仅是主观动机的问题，而且应该在客观效果上也有利于人。他们用“利”来解释“忠”、“孝”、“功”等概念。他们说：“忠，利君也”；“孝，利亲也”；“功，利民也”（《经说上》）。后期墨家的社会政治伦理方面的功利主义观点，代表了上升的手工业者和商人的利益。

后期墨家反对“仁内义外”的观点。在他们看来，仁是指爱，义是指利，这些都是指人们的主观动机，都是内。而所爱和所利，都是指行为的结果而言，都是外。因此他们说：“仁，爱也；义，利也。爱利，此也；所爱所利，彼也。爱利不相为内外，所爱利亦不相为外内。”（《经说下》）后期墨家继承了墨子的“志功合”的思想，而更加强调“功”。在他们看来，主观动机“志”与客观效果“功”并不一定契合，“志功不可以相从也”（《大取》）。因此，人们有意“志”的合乎目的的活动，不一定都是对的，必须与“功”结合起来，才能产生“正确”的标准，“力立反中志功，正也”。（《经说上》）

后期墨家认为“利”不仅仅是某个人得“利”，而应该是“交相利”（相互得到利益）。他们说：“为天下厚禹，为禹厚也；为天下厚爱禹，乃为禹之爱人也。厚禹之为加于天下，而厚禹不加于天下；若恶盗之为加于天下，而恶盗不加于天下。”（《大取》）为天下而厚禹、爱禹，这是为公，这是因为禹对天下之人皆厚之爱之。如果仅仅是对禹一个人厚之爱之，那么就对天下之人并无好处，这就不是为公而是为私；这和只是厌恶某一个盗贼，而不厌恶所有的盗贼一样。这就是说，后期墨家继承墨子的“兼爱”，把“利”在一定程度上看成是“公利”。而且他们认为在这种“公利”中是包含着个人的利益的，“爱人不外己，己在所爱之中”（《大取》）。这种学说是和其为巩固和发展工商业私有经济相联系的。

后期墨家把“功利”看成衡量是非善恶的标准，他们的“功利”是手工业者和商人的“利”，它反映着当时正在发展着的有利于封建经济成长的工商业者的要求，这一阶层的利益是和当时新兴地主阶级的利益联系在一起的。

后期墨家继承并发展了墨子“尚同”的思想。在墨子那里比较强调君权的作用，“尚同而不下比”。后期墨家提出：“君，臣、萌（氓）通约也。”（《经上》）这是说，君可以约束臣和民，这是有利于新建的封建制度的巩固，有利于封建的专制集权的，也是进步的。

后期墨家在战国末期与诡辩论的论争当中发展了认识论和逻辑学，并把认识论和逻辑学提高到更高的水平。后期墨家抛弃了墨子思想中的某些宗教唯心的天志明鬼的迷信成分。这一派学说对后来荀子的唯物主义认识论和逻辑思想也起着积极的促进作用。

十　墨学的历史地位

墨子是公元前5世纪末中国具有独创精神的伟大思想家。他对劳动者有着深切的关怀，对那些不顾人民死活、穷奢极欲的王公大人的腐朽享乐生活提出了严正的抗议。他对于破坏生产、残杀百姓、掠夺民财的兼并战争深恶痛绝，并提出了兼爱、非攻的主张。他一生为改善小生产者和劳动者的物质生活、提高他们的社会政治地位而斗争。他提出极有价值的认识论和思想方法。他还创立了艰苦力行、求真理、爱和平、有组织、有纪律的学派。在墨子的影响下，形成了后期墨家。后期墨家进一步发展了墨子哲学的精粹，完善了中国古代的逻辑科学，并且在自然科学领域取得了一些突出成果，代表了那个时代最高的科学认识水平，成为鼎盛于战国中后期影响最大的学派之一。特别是有关科学技术方面的成果闪耀着其他学派难以企及的光彩。

墨学今天之所以应该给予足够的重视，主要因为它反映了春秋战国时期开始觉醒的小生产者的要求和愿望，以及他们的局限。但是历史的发展表明小生产者这一阶层不是新的生产关系的体现者，他们没有条件取代世袭贵族走上政治舞台。墨子和他的学派的命运，也和他们所代表的阶层的命运一样，在当时和后世不得不陷于悲剧性的结局。

在先秦，墨学属于显学。墨子在社会上有很好的形象。《淮南子·道应训》篇说："孔丘、墨翟，无地而为君，无官而为长，天下丈夫女子，莫不延颈举踵而愿安利之者。"《吕氏春秋·不侵》篇说："孔、墨，布衣之士也。万乘之主，千乘之君不能与之争士也。"这种评价，反映了当时墨学的显赫地位。

在秦汉之前，儒墨并称显学。秦汉之前对于墨子学派的评价大体上有3种看法：

第一种持客观中立的态度，对于儒墨两家不加褒贬。比如说：

孔子无黔突，墨子无暖席。（《淮南子·修务训》）

孔子弟子七十，养徒三千人，皆入孝出悌，言为文章，行为仪表，教之所成也。墨子服役者百八十人，皆可使赴火

蹈刃，死不还踵，化之所致也。（《淮南子·泰族训》）

第二种看法也是儒墨并论，但对双方都不赞成。这一观点可以韩非子、庄子为代表。

《韩非子·显学》篇说：“世之显学，儒、墨也。儒之所至，孔丘也；墨之所至，墨翟也。……墨者之葬也……世主以为俭而礼之。儒者破家而葬……世主以为孝而礼之。夫是墨子之俭，将非孔子之侈也？是孔子之孝，将非墨子之戾也？”实际上，韩非对儒墨都不赞赏，他另有主张。

《庄子·齐物论》说：“……故有儒墨之是非，以是其所非，而非其所是。”实际上，认为墨家、儒家都不能作为是非标准，庄子又有庄子的是非。

第三种看法是对墨子采取坚决攻击的态度，其中影响最大的当推孟子与荀子。《孟子·滕文公下》说：“圣王不作，诸侯放恣，处士横议，杨朱、墨翟之言盈天下。天下之言不归杨，则归墨。杨氏为我，是无君也；墨氏兼爱，是无父也。无父无君，是禽兽也。”“杨墨之道不息，孔子之道不著，是邪说诬民，充塞仁义也。”孟子的批判带有学派成见，很难服人。

荀子的批评说理的成分多些，他在《非十二子》中说："不知壹天下，建国家之权称，上功用，大俭约而僈差等，曾不足以容辨异，县君臣，然而其持之有故，其言之成理，足以欺惑愚众，是墨翟、宋钘也。"荀子认为，墨子虽能持之有故，言之成理，但墨子的理论是错误的，只能淆乱社会，欺惑群众。

值得注意的是，上述意见都未涉及科学问题。这一现象既说明当时的人们对于科学知识不重视，没有认识到科学的价值，同时也表明了墨子对科技的造诣遥遥领先。

近代英国人李约瑟认为："墨家思想所遵循的路线如果继续发展下去，可能已经产生欧几里得式的几何体系了。由于《墨经》只有非常凌乱而残缺的版本流传下来，我们确实不能肯定地说他从来未超出这个范围。但是，即使他们曾超出这个范围，他们的演绎几何学也始终只是一特殊学派的秘密，几乎没有或者完全没有影响到中国数学的主流。"这种情况实是中国科学史的不幸。

墨家学派在先秦势力极大，与儒家并峙，汉以后，即趋于消沉，几乎从思想界消失。为了说明这一重大变化，必须考察其社会原因。

秦汉以后，2000多年间，中国是一个中央集权、高度统一的大国。在高度集权的中央政府的统治下，消弥了春秋战国时期的列国纷争，墨子兼爱、非攻的主张已失去宣传对象。墨子主张尚贤，反对贵族世袭特权，汉以后建立了官吏选拔制度，不再有世袭贵族的地方政权；墨子主张尚同，集中统一的愿望已经实现。

春秋战国时期，手工业者自由活动的余地较大，在列国纷争中，他们为了自己的利益，极力宣传、推行墨家学说（如许行，由楚国转到齐国），墨家学派的一些人得以在楚、秦、宋等国家受聘用。秦汉全国统一以后，手工业者生活在大一统国家，国君只有一个，地方政府无权制定政策。在中央，秦代是法家思想占主导地位，在汉代，特别是汉武帝时董仲舒提出罢黜百家、独尊儒术以后，儒家思想定于一尊。墨家无法独树一帜，逐渐失去活动的空间。

秦汉完成全国统一以后，社会的主要矛盾是政治上的高度集中和经济上的极端分散。如何协调好这一对矛盾，使封建社会的政治、经济得到平衡发展，成为秦汉以后中国思想界所要考虑解决的主要问题。儒家思想代表中央集权的要求；而小农思想反映在道家身上，他们主张政府对农民少干涉，给小生产者以较多的自由。比起战国时期，秦汉以后手工业者没有显著的发展，大规模的手工业生产集中在采矿、冶炼、纺织、陶瓷以及茶、盐等业，这些行业大都受到国家的直接管制，由政府统一经营。集中生产的产业，政府尽量使用奴隶、罪犯劳动，他们不是自由手工业者，只有劳动的义务，没有政治发言权。农民小私有者的发言权寄托在道家。儒、道两家都有广泛的社会基础，墨家不具备儒、道两家的条件，全国统一以后，墨家势力趋于衰落，是可以理解的。

秦汉以后，墨学不再是显学，但墨学的影响一直流传着，并未消失，它成为一种在野的、流行于社会下层的思潮。秦汉以后，社会上不断出现“游侠”、“任侠”一流人物，他们提倡扶弱济贫，见义勇为，吃苦耐劳，重信义，集体中成员之间友爱互助，这类思想和价值观一直受到人们的称赞。这类民间团体历代未曾中断，显然与墨家有较深的渊源。这种民族性格特点，北方人特别是山东（鲁）人表现得更突出一些。

我们正在建设中华民族的新文化，创造现代文明，要有气魄继承人类一切优秀文化。墨学重视科学、提倡亲自动手操作、不尚空谈、以实力反抗强权的欺凌以及集体互助的精神等，都为先秦时期其他学派所不及，是很可宝贵的精神财富，值得发扬光大。

附录　《墨经》对科学的贡献

墨子及其学派，为先秦时期的显学。但墨子学派与其他学派相比，唯一的特点是墨子及其门徒除了讲理论，还注重动手操作的技艺传授。我们可以设想，墨子学派讲学授徒，是一方面讲原理，同时还注意实地操作的训练。今天传下来的《墨经》及《经说》应当是当时墨子学派的教学大纲。技艺学习，不光靠口头记诵，还要懂得动手制作，必要时借助图解、实地演示来进行教学。后来的手工业工人，师徒传授，也是手把手教授，发现不对，师傅从旁纠正。

当年墨学得到广泛流传，固然靠了墨子的思想指导，也应当归功于墨子学派有言传身教的好传统。汉以后，墨学衰落，停滞了1000多年，只剩下文字记载留供后人研究，当时实际操作的传授方式中断以后，难以衔接得上。这样，给后来的研究者带来了极大困难。《墨经》的部分内容较为难懂，有些难点是古籍研究中遇到的共同困难，如传抄错误、字句脱落、文字颠倒、竹简位置颠倒，都会造成研究的障碍。还有一种困难是《墨经》研究独有的困难——古代书简本来就只有几个字，当年传授靠老师当面指点。今天我们只有靠文献记载，借助于推理，也要借助后来的科学知识对原著进行诠释。

科学是发展的，时代越早，科学发展越带有不成熟的一些特点。我们今天对《墨经》进行解释，不能不使用现代概念，但要防止把古代人的思想现代化，把古人所不曾有的一些思想强加给古人。

墨子学派中有很多有价值的精华部分，也有很多看不懂的地方。本章只就有把握，可以作出科学解释的关于光学、力学、数学中的一部分介绍给读者。其余大量原始资料，留待有兴趣的专门学者进一步去探索。

（一）墨学对光学的贡献

《墨经》有8条讲述光学的内容。它讨论了阴影问题，针孔成像问题，光的直线进行问题，以及球面反射镜成像问题。《墨经》中关于光学实验的记录，无不和近代光学实验的结果相符合。寥寥数百字，形成了相当完整的成体系的光学著作。钱照临先生曾说："世界光学知识最早的记录，一般的说法是属于欧几里得的。在他那书里有一段记录光是直线进行的文字。……但找不出用任何实验来证明。……光是直线进行的基本性质的伟大发现，《墨经》所说的要比欧几里得来得早，并且来得好。就是这一点，《墨经》在世界科学史上应有崇高的位置。"①对于以上看法，现在分条举例说明。

1. 物蔽光成影

《经下》："景不徙，说在改为。"

《经说下》："景，光至景亡，若在，尽古息。"②

古时认为影子不动，是相当普遍的说法。上述"景"即影。这一条说明物蔽光而成影的理论。只要物不动，影子也不会动。这种不移的状态就是终古止息。所以说"若在，尽古息"。

至于认为物移之后，影子还在的说法，只是错觉。这在中

---

①《墨子研究论丛》第二卷，第333页。

②景，即影。即光照实物所产生的阴影。为读伪，亦作讹，是变化的意思。亡，同无。在，同有。尽，全。古息，古为姑的省文。姑息，暂且休止。影有动静之分。如果鸟不动，其影也不动。如果是飞鸟，一瞥即过，地面的影成为一条直线，这是动影。名家叫做"影徙"。而静影，名家叫做"影不移"。对于"影不移者，说在改也"，张湛注："影改而更生，非向之影。"这是说易位后生新影，后影已非前影，也是这个意思。

外记录中都有类似的说法。例如：

《庄子·天下》："飞鸟之景，未尝动也。镞〔zú 族〕矢之疾而有不行不止之时。"

《列子·仲尼》："影不移者，说在改也。"

可巧，古希腊的芝诺也说"飞箭不动"。与影不动有类似之处。它是说在飞箭经过的每一点上，都有一定的位置，是静止的，它在这一点上就不能同时又不在这一点上。所以是不动的。

以上情况说明：

① 物体遮蔽日光而成影子，影子是不动的；

② 人们有时认为影子可以移动，是因为未消失的旧影与新生的新影相连续而造成的幻觉；

③ 如果物体移动，而日光又照在原处，则原处的影子一定消失；

④ 如果物体不移动，则原处的影子也不移动。

2. 双影的形成

《经下》："景二，说在重。"[①]

---

① 孙诒让本为"住景二"，住，位之讹，应属上句"一少于二而多于五，说在建住"，今从曹耀湘《墨子笺》改。参《墨子研究论丛》第二卷，第348页。

《经说下》："景，二光夹一光，一光者景也。"

明确指出，一个光源只有一个影。两个光源会有两个影（图1）。

图1甲，只有一个光源，只生成一个阴影。图1乙是A、B两个光源照射而成的，所以说"说在重"。如果两个光源，

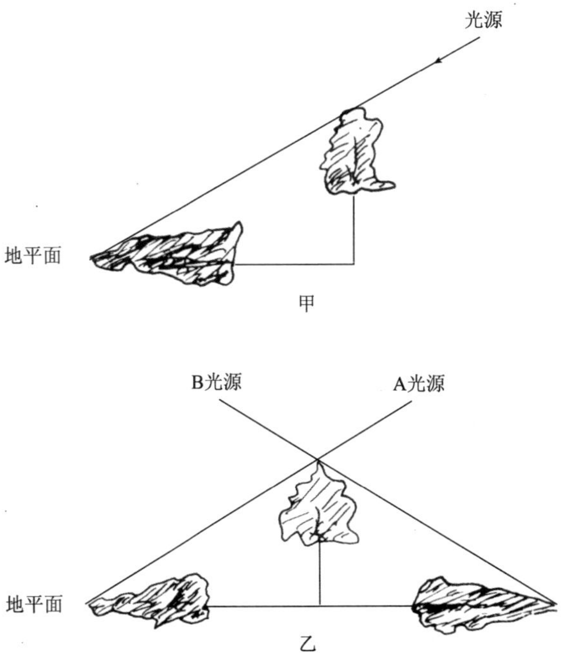

图1

对称地在树的两旁，树一方受A光，另一方受B光，也就是各有一面背光，一面受光。背光处就生成阴影。两个光源，两个阴影。又比如足球场四角都有强大光源，所以足球场中的人都有四影。

以上说明：

① 一物有时能得到两个阴影，原因在于同时有两个光源存在于两个方向；

② 如果两个光源对称地置于物体两侧，物体只能背在光照的一面产生阴影。

3. 小孔成像

《经下》：“景到，在午有端，与景长，说在端。”①

《经说下》：“景，光之人，煦若射。下者之人也高，高者之人也下。足蔽下光，故成景于上。首蔽上光，故成景于下。在远近有端与于光，故景庫〔zhàng 障〕内也。”②

这一节是讲光线通过小孔可以成像，并形成倒影的理论（图2）。

---

① 午，是横直相交。到，是倒的省文。端，是屏上的小孔，午有端即交点。

② 煦，是照字的误写。之与至同。与，干预。庫，影库，影帐，幕。

成像的关键之一是孔（端）要小。如果孔大，就成不了像。可看图3。

光线自右向左，通过的孔太大，光线在A点相交，A点在幕前，所以在幕上不能成像。成像的大小，还与距离有关（图4）。

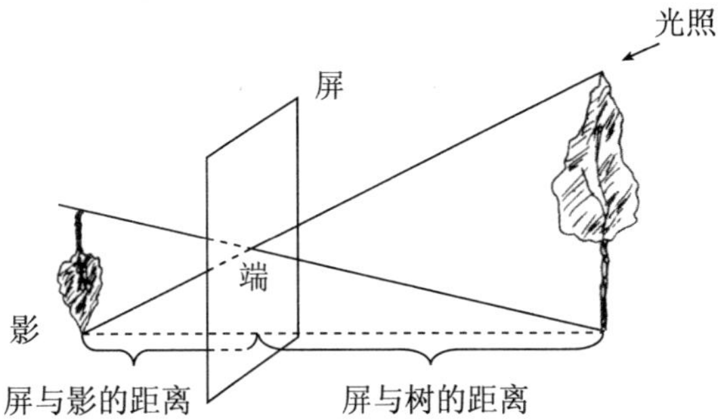

图2

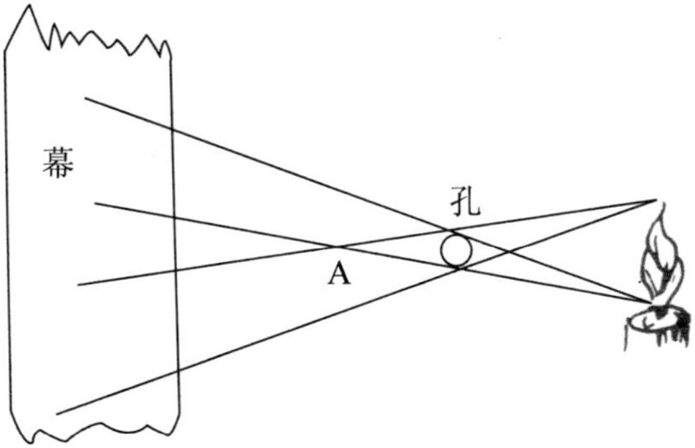

图3

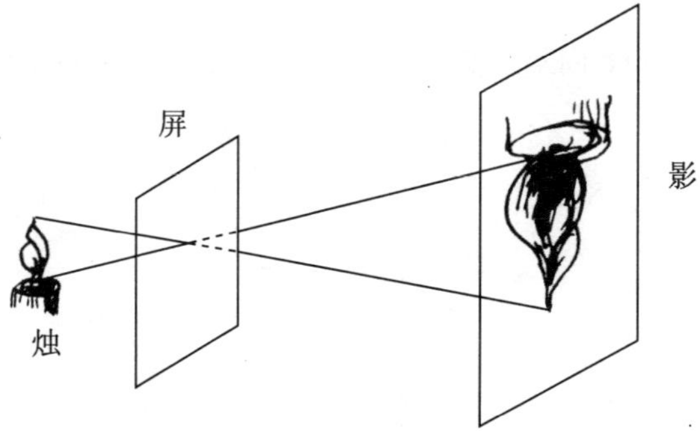

午与烛近，午与幕远，影大

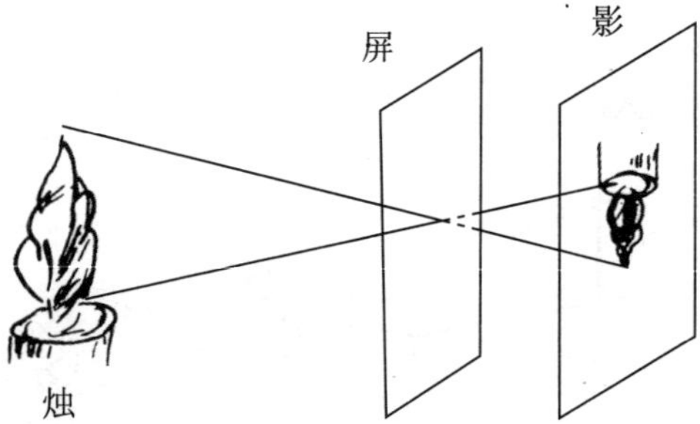

午与烛远，午与幕近，影小

图4

以上说明：

① 光线穿过屏的小孔，映在幕上必成倒影。

② 发光物体、反光物体、映幕与屏的距离，决定倒影的大小。

③ 只有具备条件，才能在映幕上形成倒影。

4. 光的反射

《经下》："景迎日，说在搏（应为转）。"

《经说下》："景，日之光反烛人，则景在日与人之间。"

如果在正常情况下，光线直接照在物上，应如下图（图5）：

日光由左方射来，背影在右方。

图5

如果有一个平面镜反射过来再照人，就会形成下图（图6）：

图6

上图（图6），阳光从右边照向平面镜。光线由镜反射，又照在人身上，形成人影，影在太阳与人之间，这是一种特殊现象。所以叫做“景迎日”，也就是“日之光反烛（照）人”。“日光反烛”，即回光反射。日光的反射如图（图7）。

M是平面镜。光线BA射于A点，当即反射如AD。CA是垂线。

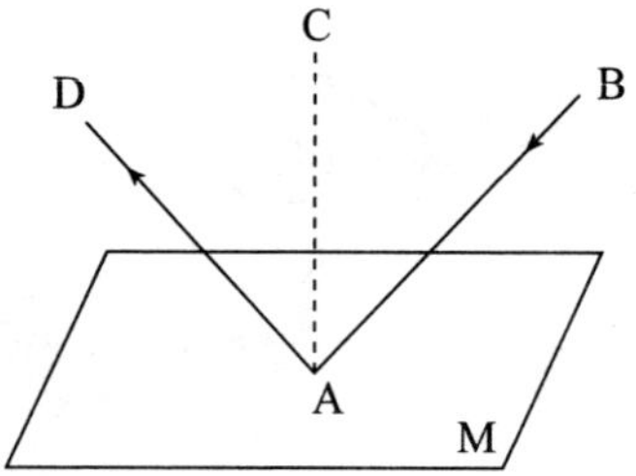

图7

∠BAC是入射角，∠DAC是反射角。这就是光线的反照情况。

5. 影的大小与远近

《经下》："景之大小，说在地（地当为柂〔yí 夷〕）缶远近。"①

《经说下》："景，木柂，景短大；木正，景长小；大（光）小于木，则景大于木。非独小也。"②

这一段是说日光照射的影子，它的大小不只与距离有关，而且与被照的实物（木柱）是否直立有关。立柱正直，其影长；立柱斜，其影短。立柱正直，其影较淡；立柱斜，其影较浓。现画图说明（图8）。

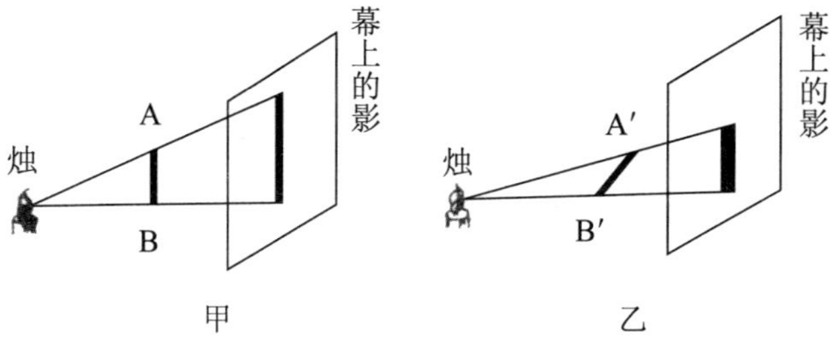

图8

① 柂，即木也斜也。缶，即正。

② 木，立柱，用以作为标志或标准物。大小，即长短。

甲乙两图，柱与幕距离相等，AB与A′B′长度相等。只因AB是直立，所以影子高、细、淡；A′B′斜立，影子短、粗、深。

至于柱的远近，也影响影的大小。可比较下图（图9）。

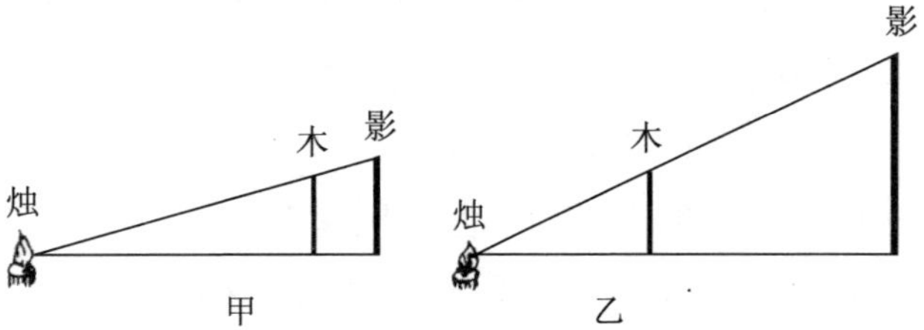

图9

烛大于木，烛小于木，效果也不相同。也可比较下图（图10）：

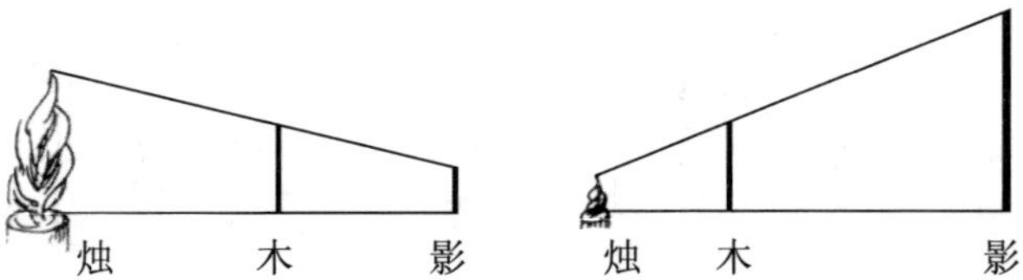

图10

6. 凹面镜的成像

《经下》："鉴位，景一小而易，一大而击，说在中之外内。”①

《经说下》：“然鉴分，鉴中之内，鉴者近中，则所鉴大，景亦大。远中，则所鉴小，景亦小，而必正。起于中，缘正而长其直也。中之外，鉴者近中，则所鉴大，景亦大。远中，则所鉴小，景亦小，而必易。合于中而长其直也。”②

中（焦点）之内，见图11。

AB近于焦点，则所鉴大，影亦大。CD远于焦点，则所鉴小，影亦小。即A′B′＞C′D′。但所得之影均较实物为大，即A′B′＞AB，C′D′＞CD。实物在焦点之内，成像必在镜后，正而虚，比实体大。即“一大而正”，亦即“起于中，缘正而长其直也”。

中（焦点）之外，分两种情况。

① 实物位于球心之外，如图12。

AB近于球心O，所鉴大，影亦大，成像A′B′。CD远于球心O，所鉴小，影亦小，成像C′D′。A′B′＞C′D′。所得之像均比实物小，且是倒立实像。这就是“亦小”、“而易”。

② 实物位于焦点和球心之间，如图13。

---

① 位应作洼，同窪。鉴位即鉴凹，亦即凹面镜。这是说凹面镜的成像。

② 易，是指像的变化，即变样。中指焦点，“中之内”指焦点以内，“中之外”指焦点以外。

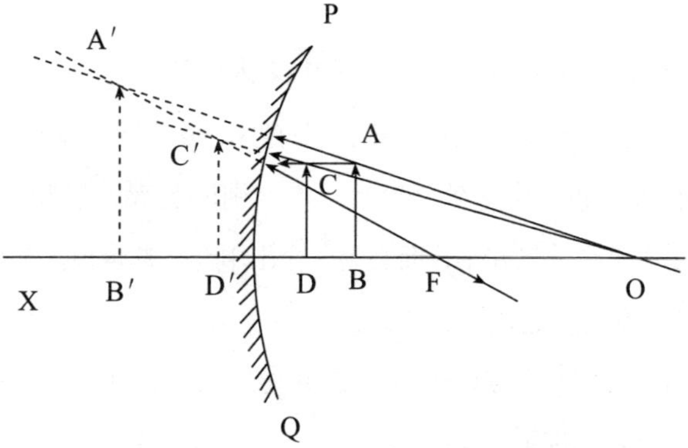

图11

PQ凹面镜　　O球心　　F焦点　　OX正轴

AB、CD鉴者实物　　A′B′、C′D′所成虚像　　A′B′ > C′D′

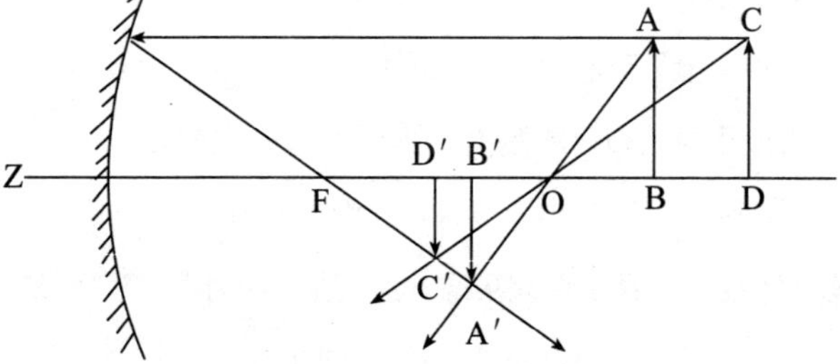

图12

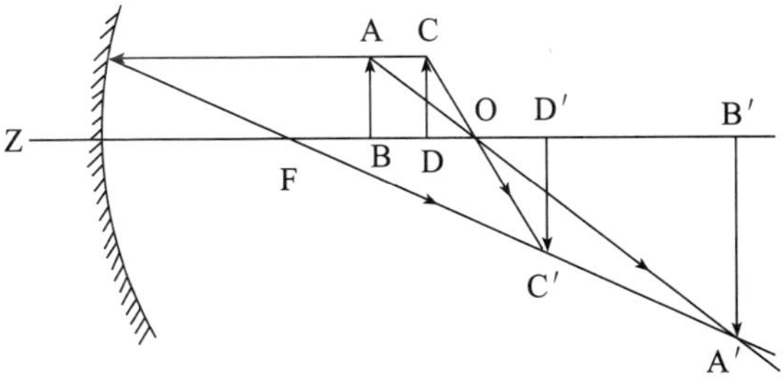

图13

AB近于焦点F，所鉴大，影亦大，成像A′B′。CD远于焦点F，所鉴小，影亦小，成像C′D′。A′B′＞C′D′。所得之像均比实物大，A′B′＞AB，C′D′＞CD，是在球心之外的倒立实像。即“合于中而长其直也”。

7. 凸面镜成像

《经下》：“鉴团，景一，不坚白，说在荆（形）之大。”①

《经说下》：“鉴，鉴者近，则所鉴大，景亦大；亓（其）远，所鉴小，景亦小，而必正。”

凸面镜的成像只有一个。光体移近于镜，在所现的光强，成像也大；光体移远，光变弱，成像也小。但都是正立的。

凸面镜的成像也分两种情况：一是物体距镜面较远时，则在

---

① 团，即凸。鉴团，即凸面镜。荆（形），俗作刑，和形通用。

镜后生成一个较小而正立的虚像；二是物体距镜面较近时，在镜后生成一个较大而正立的虚像。但像都比实物要小（图14）。

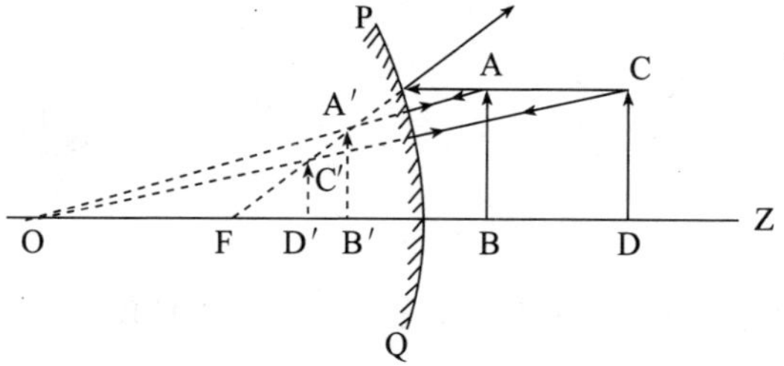

图14

PQ凸面镜　O球心　F焦点　AB=CD　A′B′、C′D′各为AB、CD在镜后的小而正的虚像，A′B′＞C′D′

8. 平面镜成像之理

《经下》：“临鉴而立，景到。多而若少，说在寡区。”

《经说下》：“临，正鉴，景寡。貌能、白黑，远近、柂正，异于光鉴。景当俱就。去亦当俱，俱用北。鉴者之臬，于鉴，无所不鉴。景之臬无数，而必过正；故同处其体俱。”①

---

① 临，自上俯下。鉴，古时的铜镜。景，像。正鉴，平面镜，省称平镜。景寡，照物只有一个单像。照物只有一个单像，故说“景寡”。能，态的省文。柂，即杝，斜。异，冀的省文，对望。当，谓两镜相接。俱，相合，谓两像相聚。就，挨拢。去，摆开，即大于正角。北读为背，背之本字。鉴，照镜子。臬，当为臬。

关于平面镜成像，《经下》原文及《经说下》原文在于说明下面三种情况。

① 一物俯照平镜，成像单一而且是倒的。

平面镜成像只有一个。其所以是倒像，是因为像的形态、白黑、远近、斜正，都是人的眼睛对望光线所现的原故（图15）。

A处的光线抵镜面C点，反射至E；B处的光线射于D点，也反射至E。而人们只以为反射光线是从镜面的R点反射而产生的。R是A的像点，同理，S是B的像点。此外，AB上各点都有像点，依次排列为RS，聚合而成物像。AF与FR同长。RS是与

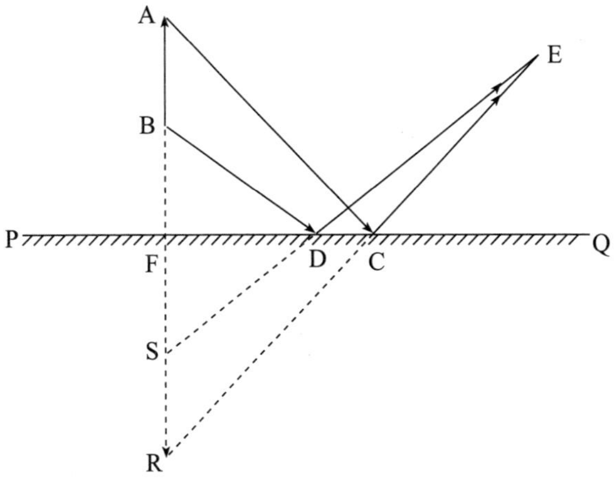

图15

PQ是一个镜面。AB是一实物。E为眼睛。

AB大小相等，方向相反的颠倒的虚像。AB的箭头向上，RS的箭头向下，成为倒像。因只此一像，所以说“正鉴，景寡”。

② 二平面镜成90° 角（图16）。

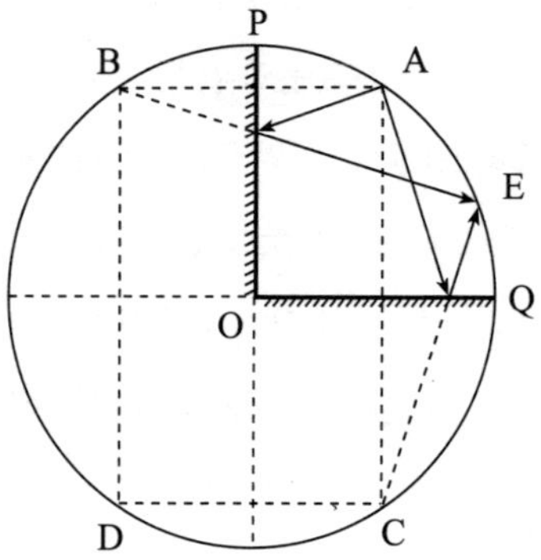

图16

两个平面镜OP、OQ，其中OQ平放于桌面，OQ倚在墙上。二镜成90° 。物体A同时照在OP、OQ镜上。E是眼睛。

按上述反射的道理，图16中A在OP的虚像为B，在OQ上的虚像为C。而虚像B对于OQ镜又成虚像D，虚像C对于OP镜也成虚像D，所以共成三像。因D是二像的重合，故说“景当俱就”。

③ 二平面镜小于90° 角

如果两个平面镜的夹角小于90° ，成像会多于三个。公式为：像数=360 ÷ 角度−1。设二镜夹角为12° ，可得像数

360 ÷ 12−1=29个。也就是说，两个平面镜夹角越小，成像越多。现以下图（图17）说明：

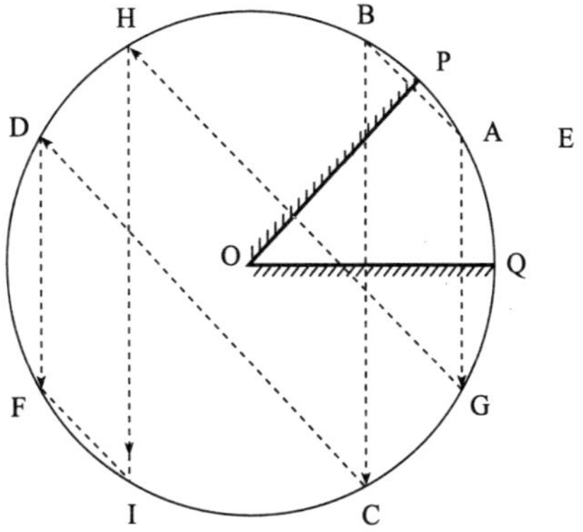

图17

平面镜OP与OQ相接。OQ平置，OP悬起，二镜夹角为∠POQ，成45°角，物体A照于二镜之上，E为眼睛。

A在平镜OP上成虚像B，B在平镜OQ上成虚像C，C又在平镜OP上成虚像D，D在平镜OQ上成虚像F。同理，A在平镜OQ上成虚像G，G在平镜OP上成虚像H，H在平镜OQ上成虚像I，I在平镜OP上成虚像F。至此，与A在OP镜的虚像F重合为一。两镜共成像7个，按公式计算，360 ÷ 45−1=7，结果相同。以上，因成像反复反射，故说“无数”。

如果夹角为120° 时，按公式计算应得三像减一像，得二像。因三像中包括一个具像，只因在镜背的方向，已不能见，故说“俱用北（背）”。

“景之臭”接“鉴者之臭”。物体成像后相继反射，故说“无数”。“过正”是反其正常，在这里指正角斜戾的意思。“其”与“之”同。“体”，部分。“同处其体俱”即图17中的F，是两个虚像的重合。

（二）墨学对力学的贡献

墨子学派对于力学很有研究，达到了当时世界最高水平。《经上》说，“力，形之所以奋也”，就是说力是物体运动变化的原因，这个内容就是牛顿第二定律，只是没有明确提出加速度问题。墨子学派对于加速度是知道的，只是没在这一条中写出来。实际上，所谓“奋”即变速运动。又如《经下》在讲到辒〔chuán船〕车时，有些说法如“上者愈得，下者愈亡”，“上者愈丧，下者愈得”。这些“愈”字，都含有加速度的意思。《经说上》：“力，重之谓下，举重奋也”。这里讲物体下落，即引力作用的必然现象。墨子是引力学说的最早发现者。西方讲引力的发现，首推17世纪的牛顿，而墨子早在2000年前就提出了引力问题，而且“引无力也”，可看做墨家的引力定义。

《墨经》中关于力学的条目，可举例说明如下：

1. 动力

《经上》：“力，形之所以奋也。”[①]

《经说上》：“力，重之谓下，举重奋也。”[②]

这一条是墨子学派对力的基本概念。从“力，形之所奋也”看，在于说明物体改变动止状态的基本动力。

《经说下》“力，重之谓下”，是说引力的作用。没有引力物体不会下落。墨子不但洞察力可改变物体动止的状态，而且还是引力的最早发现者，说，“引，无力也”，很像引力的定义。

2. 动源于力

《经上》：“动，或从也。”[③]

《经说上》：“动，偏祭从者，户枢免瑟。”[④]

这一条是说物体从一方面用力送，它就可以移动。这有

---

① 形与刑通用。形，今言物体。所以，原因。奋，本义为飞，这里作运动解。

② 重，即力量。举，舆的省文。下坠也有力，地球的引力就是下坠之力。

③ 从，纵也，送的意思。

④ 祭，同际。偏祭，一侧。瑟，门闩。闩住门，就开不了。无闩，门才可启动开阖。

如门的开关，从一边用力，就可以开或关上，但必须去掉门闩。

这一条是上一条的注解，说明力发挥作用的过程。

3. 动与静

《经上》："止，以久也。"

《经说上》："止，无久之不止。当牛非马。若矢过楹。有久之不止。当马非马。若人过梁。"

这里所谓"止"，使动静止下来。这是靠力来完成的。止要靠时间来显示，所以说"止，以久也"。这是静态分析。久，一作灸，有挡的意思。按《经说上》，久即"古今旦暮"，应是时间的长久。楹，堂前的柱子。矢过两楹之间，转眼即逝，这是一种动态。人过桥一步一停地走，这又是一种动态。人们依于时空，时空变了，人物也要变。"无久之不止"，不止是动。"无久之不止"是不存在没有时间的动。反过来说就是"有久之不止"。此条说物体的静止或不静止都需要时间。矢过楹很快，一刹那也是时间。这样说和把牛当做"非马"一样正确。人过桥很慢，一步一停的假象，不能认为真的不动。如果这样，就和错把马当成非马一样了。这如梁启超所说，时间有"无久"与"有久"两种。有久易察，无久很短暂，不易察觉。这一条是讲物的运动，时时在变，不易察觉。

又据谭戒甫《墨经分类译注》，应是："动荡的物必止，这是用力久柱的原故。这相当于'牛'是'非马'一样正确。比方一矢过两楹之间，物（矢）动时有外力久柱也不会停止，这样说和'马'是'非马'一样不正确。又如过桥，当人为河水所阻时，不能前进，是有久。但有了桥，就可以继续前进。'有久必止'是常态，'有久不止'是变态。"

4. 合力

《经下》："合与一，或复，否。说在拒。"

《经说下》无。

这一条经说无文，不易考察。可有两种理解：

一是按《墨经分类译注》，这一条属于力学。它是说合是合力，是几个力的综合。"一"是一力。合与一有敌对之意。"复"是合力，或反动力。"否"是"不复"，言回力过小，不易察觉。拒是抗力、抵抗力。

二是据《墨子校注》，认为这一条说的是矛盾的关系。合与一既合之后，思想自身又孕育矛盾，生出否定思想，而易相对立。

5. 平衡

《经下》：“负而不挠，说在胜。”

《经说下》：“负，衡木。加重焉而不挠，极胜重也，（左）右校交绳，无加焉而挠，极不胜重也。”[①]

这一条说明：人用一扁担挑物是平衡的。若一头加重，就是要倾倒。如果不偏不斜，就是“极胜重”。两立柱间拴绳，不负重也是弯的，这是极不胜重。说“负而不挠”，是可以承重，即“说在胜”。

6. 杠杆

《经下》：“奥而必出，说在得。”[②]

《经说下》：“衡，加重于其一旁，必捶。权重相若也，相衡则本短标长。两加焉，重相若，则标必下。标得权也。”[③]

在秤已平衡时，在一头加重，这一头必然下垂。因为未加

---

① 衡木，扁担。而，读为能。极，横木，横绳。（左）右校交绳，在左右两校柱之间拴的绳子。

② 奥，衡的古文，原文误作天。

③ 衡，今之秤杆。权，今之秤砣。这是讲杠杆，杆必须平，故引申有平衡的意思。捶，垂的繁文，下坠。秤的结构，提挈是支点，秤盘一头是重点，秤砣为力点。

重前，权（秤砣）与物（重）是相均衡的。所以说：“衡，加重于一旁，必捶，权重相若也。”一杆秤（如图18），本短，标长。按今天的公式说，本的长度与所悬重量的积等于标的长度与秤砣的积，两头就会平衡。这时两头加以相等重量，则秤砣一头必然下垂，这就是“两加焉，重相若，则标必下”。

以上，与古希腊阿基米得的杠杆原理表述有异，含义相同。

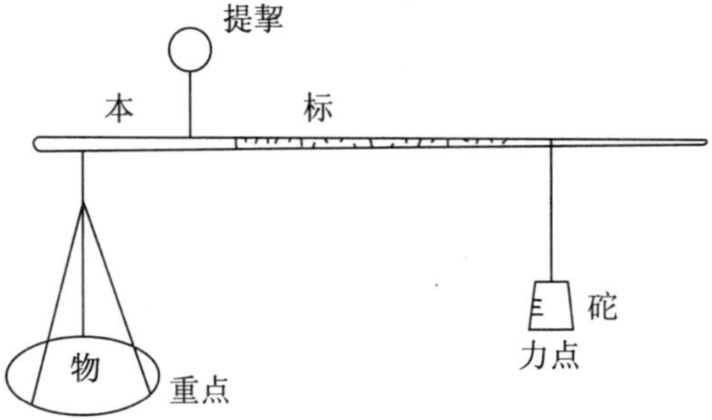

图18

7. 上提与下曳

《经下》：“挈与收仮（反），说在薄。”

《经说下》：“挈有力也，引无力也。不正，所挈之止于施也。绳制挈之也。若以锥刺之，挈，长重者下，短轻者上，上者愈得，下者愈亡，绳直权重相若，则正矣。收，上者愈丧，下者愈得；上者权重尽，则遂挈。”

本条接上一条杠杆而言。讲挈与收两种力量。挈，上提。收，下曳。仮，挈与收用力相反，薄，迫、逼。挈与收用力相反，故曰“说在薄”。关于力的方向的分析，提出“挈有力也”，“引无力也”的看法。

杠杆一头悬物，一头悬权。悬物一头往下坠，必然使秤砣一头上扬。这是“长重者下，短轻者上”。

绳直是指悬物及秤砣的绳与秤杆垂直，这样就等于平衡。这就是“绳直权重相若，则正矣”。

挈与收相反，如果物过重，物下坠，权上升。下坠是收力，上升是挈力。下坠越有力，上升越无力。这就是“上者愈丧，下者愈得；上者权重尽，则遂挈”。

8. 辒车

《经下》：“倚者不可正，说在剃。”

《经说下》：“两轮高，两轮为辒，车梯也。重其前，载弦其前。载弦其轱，而悬重于其前，是梯。挈且挈则行，凡重，上弗挈，下弗收，旁弗劫，则下直，扡或害之也。沶梯者不得沶直也。今也废石于平地，重不下，无跨也。若夫绳之引轱也，是犹自舟中引横也。”①

这一段是说辎车的制作与原理。这种车的特点是前低后高，又叫梯车。在车的前方（后轮之前）置以重物。一拉（挈）一推（掣）即可行走，不太费力，所以叫做“挈且挈则行”。因车自己有前重的特点，所以上面不用提（上弗挈），后边不用拉（下弗收），旁边不用推（旁弗劫），就可以顺利行走。如果有偏斜就妨碍行走了。

“今也废石于平地”应移后。上面的实验，用绳子拉车和江中行船时用绳子拉着走是一个道理。所以说“若夫绳之引轱也，是犹自舟中引横也”。

9. 引力

《经下》：“堆之必柱，说在废材。”

《经说下》：“堆，竮〔píng平〕石絫（累）石，耳（佴）夹寑（寝）者（堆）柱也。方石支地石，关石于其

① 辎车，一种四轮车。前轮小， 后轮高。梯也，即梯者。第二“载”字与“再”同。“是梯”以下是说明驾车的技术。凡重，是梯车前面的重量。上指前，下指后。拖，同迤，斜也。害，读为遏。㳅，古文流字。此处借为“疏”。疏梯者，说疏于驾梯之人。蹄，傍，倚靠。横，同桄，舟前木。说驾车要操纵自如，正像驾船一样。

于（下），悬丝于其上。使适至方石。不下，柱也。胶丝去石，挈也。丝绝，引也。未变而名易，收也。”

解一：这一节是说运动的理论。经文比较简单，只是说堆材需要支撑。经说比较复杂，它说：a. 垒石块，下设支柱；b. 以丝系石，下至方石。抽掉支柱，方石悬空不动，这是靠丝的挈力；c. 石重丝断，石头坠下，这是引力；d. 上提之力叫挈，下送之力叫收。

解二：本条在于说明建筑过程，废是放置，材是石料。絣，并的繁文。絫，通作累。耳，佴的省文。夃，寝的省文。庙制，中为太室，即寝。夹室之前的堂为耳。平地，即平的地基。丝，匠人用的墨线。方石即标准石。柱是“定屋脚”。去石，指去掉石的多余部分。引是引满，补充。名易的易是平正，收是成就。

这一段的意思是说：建筑，先开始奠基。调集石材，设计厢房，夹室，这一过程是“堆”。然后立石于平地上，以距地一尺为标准。石过大的要裁减，这是挈。过小的要补，这是引。合适的叫做收。

按照这一意见，《经说下》文应是：“堆，絣石，絫石，耳夹夃者，堆也。柱也。今也废石于平地，方石去地尺，关石于其下，悬丝于其上，使适至方石石下，柱也。胶丝去石，挈也。丝绝，引也。未变而名易，收也。”

10. 力均

《经下》：“均之绝否。说在所均。”

《经说下》：“均，发均悬。轻重而发绝，不均也。均，其绝也，莫绝。”

这是研究弹性力学的问题。《列子》也讲这一问题。其《汤问》篇说：“均发均悬轻重而发绝。发不均也。均也，其绝也，莫绝。”还举例说，“人以为不然，自有知其然者也。詹何（楚人，善钓，闻于国）。以独茧丝为纶，芒针为钩，荆条为竿，剖粒为饵，引盈车之鱼”。《仲尼》篇又说：“发引千钧，势至等也。”可见这在古代是一个较为普及的辩题。

经文是说，以发悬重，是否会断，关键在于是否均匀。对于均匀，单丝有均匀与否的问题，一束也有同样的问题。如果轻重不等，就不是均匀，不均匀处必然会断裂。颜道岸教授指出，这一命题的提出，是以实验为基础的。没有多次艰苦的实验，很难有这样的认识。

（三）墨学对数学的贡献

墨子是伟大的逻辑学家，他一方面借用逻辑研究数学，同时也借用数学研究逻辑。墨子的数学成就包括基本概念和几何学的内容。现举例说明。

1. 整体与部分的关系

《经上》："体，分于兼也。"①

《经说上》："体，若二之一，尺之端也。"②

经文：兼是全体，体是部分。

经说：体与兼的关系，很像二与一的关系，又很像尺与端的关系。在墨子的数学理论中，尺是几何学的线，端是几何学的点。因此，如果把尺比作兼，端正好比作点。如以二与一相比，二是兼，一是体。即二为一之兼，一为二之体。尺为端之兼，端为尺之体。

---

① 体，一个整体的部分。兼，众体为兼，分之为体。

② 端，有两解，一为发端，初生；二为点，可理解为最基本的，不可分割的，所以端无间（没有间隙）。二之一，半数的意思。

2. 平行线

《经上》：“平，同高也。”

《经说上》：“谓台执者也，若兄弟。”[①]

这一条讲两线平行的原理。如果AB与FG平行，EK、CD是两条平行线的垂线，则CD=EK（图19）。

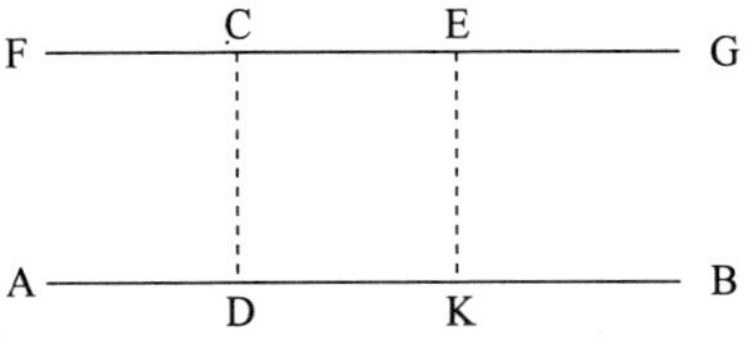

图19

3. 解释径同长

《经上》：“同长，以相尽也。”

《经说上》：“同，楗与狂之同长也。”[②]

这一条是说，穿过圆心的径线是同长的，犹如门楗与门框同长。如图20的直径AB=CD。

---

① 经说原缺。谭戒甫据曹耀湘说移补于此。台，即抬。抬一重量，两头重量相等。借譬为“平，同高”。兄弟，也是比喻负担相等的意思。

② 楗，误作捷，楗。楗是“门闩之木”。狂，即框，如门框。尽，莫不然，相一致。

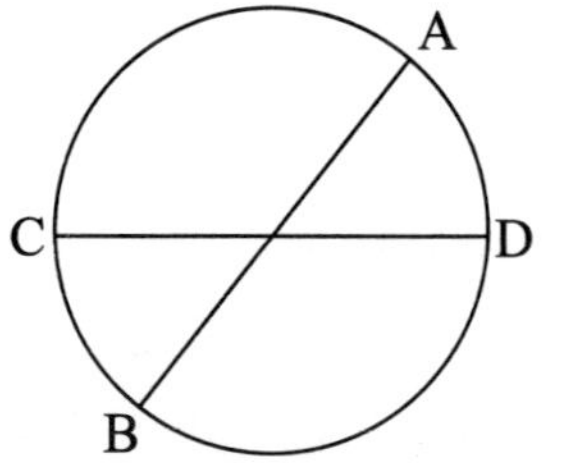

图20

4. 圆的定义

《经上》：“圆，一中，同长也。”

《经说上》：“心中，自是往，相若也。”

心中即中心。圆的中心即圆心。“自是往”即自中心往，就是半径之长。“相若”即相等，半径等长。图21说明从O到A、B是等长，即“中，同长也”。《经上》和《经说上》的内容，既是圆的定义，也是作圆的方法，简单、明了、适用。

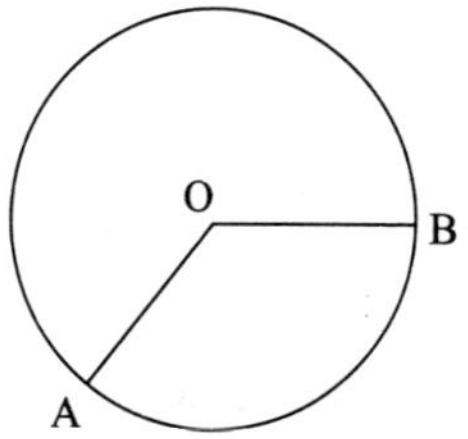

图21

5. 方形（不限于正方形）

《经上》：“厚，有所大也。”

《经说上》：“厚，惟无所大。”

图22是一个长方体。ABCD是一个平面。BF是厚，也是高。有了厚，才有体积，所以说：“厚，有所大也。”

如果只讲A、B、C、D，它只有平面，没有厚，因而只有面积，没有体积。所以说：“厚，惟无所大。”《庄子·天下》说“无厚不可积也”，就是这个道理。

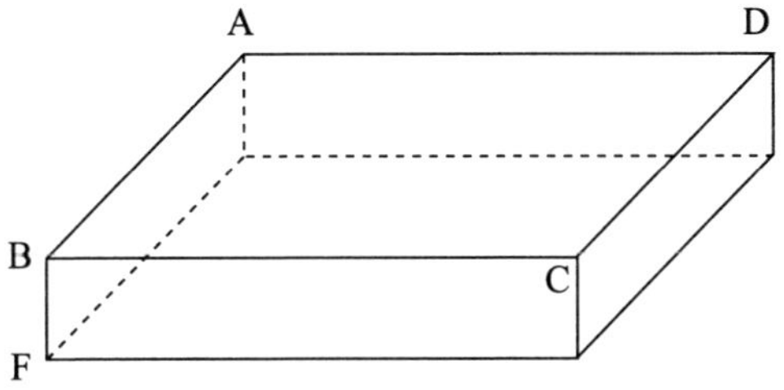

图22

6. 圆三径一

《经上》：“直，参也。”

《经说上》：无。

这一条无经说。对它有两种可能的解释。

一是认为墨家关于圆三径一的界说。故“直”前应有圆字。全文应是“圆，直参也”。或与“圆，一中同长也”合成一条。中国古代“参”的用法不同于三，而是三分之一。

二是认为它不是欧几里得原理，这不是用“两点之间最短的路径”，为直线作解释。而是用“三点排列”，视线重合作直线定义。……这样的解释，以视线为直线。这不是数学的解释，而是物理的解释。

7. 圆的作法

《经上》：“圆，一中同长也。”①

《经说上》：“圆，规写交也。”交，原误作支。②

如图23中，AB、CD都是直径，圆心是O，以O为圆心，就可以作出圆的图形。

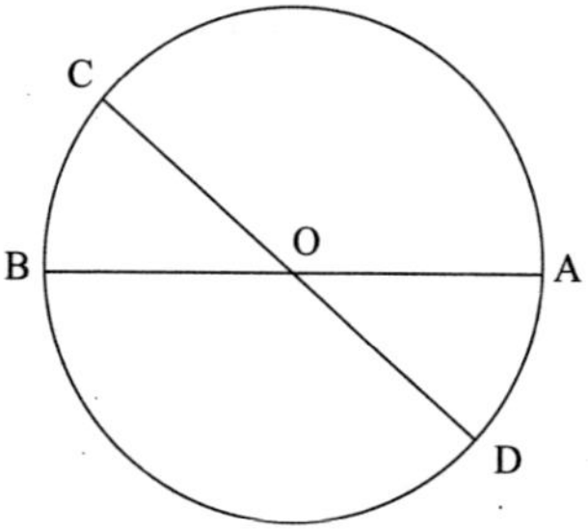

图23

8. 方形的作法

《经上》：“方柱隅四讙〔huān欢〕也。”③

《经说上》：“方，矩写交也。”④

---

① 一中，中是圆心，凡穿过同一圆心的直径一定等长。

② 规，圆规。写交，用圆规画线，从甲点出发，又交于甲点。

③ 柱，方形的四边。隅，方形的四角。讙，直角。

④ 矩，画方形的仪器。写交，原误为见支。

这个图形（图24）可以用矩画出来。这就是“矩写交也”。但画出的图形不一定是正方形。

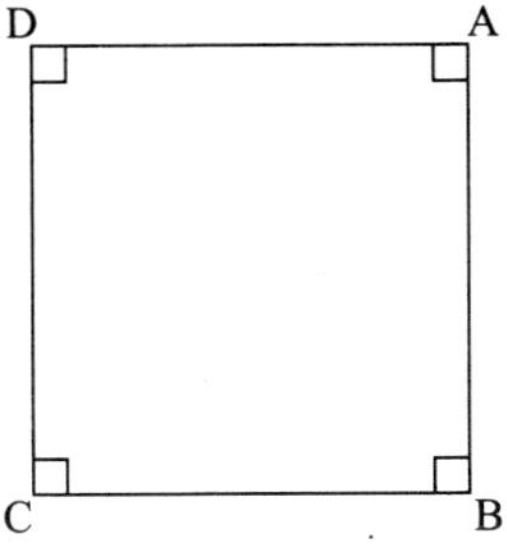

图24

AB、BC、CD、DA是四柱。∠A、∠B、∠C、∠D是直角。此图即是“柱隅四讙”。

9. 倍数

《经上》：“倍为二也。”

《经说上》：“倍，二尺与尺，但去一。”①

这个命题是说：倍是一的自加。二尺与一尺，只不过是二尺减去一而已。

10. 点

《经上》：“端，体之无序而最前者也。”

《经说上》：“端，是无同也。”

端是几何学上的点，是线的顶端，所以说，端是“体之无序而最前者也”。又因它的前方更无其他，它处于最前，所以“是无同也”。它既在“最前”，就不参与排列的顺序，所

① 一自加为二，就是“倍”。“二尺与尺”即“二尺”与“一尺”。去即减。

以说“无序”。端，应理解为最前点。

11. 中

《经上》：“有间，中也。”

《经说上》：“有闻，谓夹之者也。”①

这一条说明有间是有中的，像门框一样，夹着中有二间，见图25。

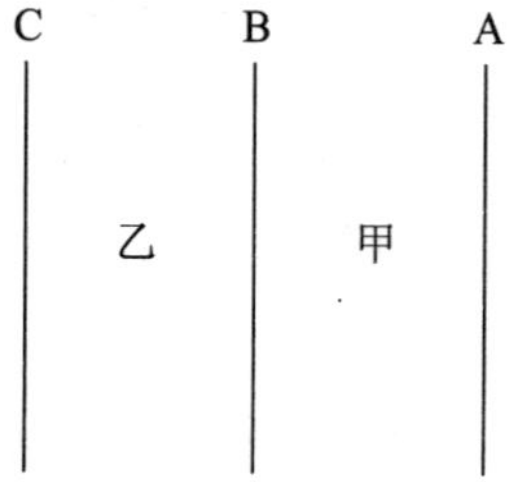

图25

A、B、C三者各为一间。甲、乙为中，中的两侧是间。甲是中，AB是间，夹着中。

12. 间

《经上》：“间，不及旁也。”②

《经说上》：“间，谓夹者也。尺前于区穴，而后于端，

---

① 门耳二字误合一为闻。耳是佴的省文，副、贰的意思。夹，左右相持。之，指夹的中间。

② “及，及非齐之及也”是后人批语，误入正文。“不及旁”，夹者两旁不相交

不夹于端与区穴，及，及非齐之及也。”①

本条是说，间不涉及两旁，间就是离中的夹者，像几何学的线，独立存在，不夹在点和面之内（及，不是齐等之齐）。

13. 纑〔lú 卢〕

《经上》：“纑，间虚也。”

解一：《经说上》：“纑，间虚也者。两木之间，谓其无木者也。”这里是线缝，是虚的。纑，无厚之面。间虚，说只有长、广而无厚，是间之虚。

解二：纑是二间之中的虚线。虚是两木之间，无木的夹缝。

14. 盈

《经上》：“盈，莫不有也。”

《经说上》：“盈，无盈无厚。”

盈，器满则盈。故说“莫不有”。尽，器中空。器空则尽，故说“莫不然”。厚，有长、宽、高的立体。莫不有，即

---

① 区穴，解释有四：1. 穴为坏字，应为宇，区宇即区域。上下四方为宇，区宇在《经说下》“伛宇不可偏举”（《墨子校注》）。2. 区穴即“零”。零是线段的开始。但线段夹于两点之间，所以说“不夹于端与区穴”（《墨子研究论丛》第二卷，第8页）。3. 穴是衍文，应删去（《墨经分类译注》）。4.《经说上》：“区者虚也。”区穴犹云空穴。“区穴若”即“若区穴”。

长、宽、高俱备。盈，充实弥满，无所不有。“无盈”当于无厚处求之。无厚者至小无内。

15. 撄

《经上》：“撄，相得也。”

《经说上》：“撄，尺与尺俱不尽，端与端俱尽，尺与（端）或尽或不尽，坚白之撄相尽，体撄不相尽。”①

撄，体积的增加。增加后成为新的体积，所以说“体撄不相尽”。尽，即一致。线与线长短不一，故曰“不尽”。点与点没什么不同，故曰“为尽”。至于点与线，因线由点组成，就点而论，它有尽，就线而论，就不尽。

16. 仳〔pǐ匹〕

《经上》：“仳，以有相撄。”

《经说上》：“仳，两有端而后可。”

---

①撄，原意是触，扰的意思。这里一是作为几何学的“相交”。二是联系、黏合。相得，二者相交即为相得。尺，即线。线与线相交仍为线，故云“尺与尺俱不尽”。端，点。点与点相交，交处仍为点，所以说“俱尽”。线与点相交，线不尽而点尽，点不复存。所以说“或尽或不尽”。坚、白，墨家认为坚与白不能分。白中有坚，坚中有白，所以说“坚白之撄相尽”。

解一：仳，并，比。几何学的割线。相撄，即相交。一体分割为二，成为两体。它与割线相交，是为相撄。如果两体已经分离，就是不相撄。说“仳，有两端而后可”，是割线的界说。

解二：仳，比的繁文。以，和谓同义。从有两端看，是比较线段的长短。

撄是黏合。比较线段的长短有黏合与不黏合两种，见图26。图26甲，A线短，B线长。把A线放在B线之上，AB即是长出之数。这是黏合。图26乙，用圆规，以DA为半径，在BD线测量，使AD、CD都等于A线长，这时A、B线不黏合。

解三：《经上》：“似，有以相撄，有不相撄也。”

《经说上》：“似，两有端而后可。”

似，应作仳。有，应作目。似，即几何学的相似形。相似形有相撄不相撄两种。

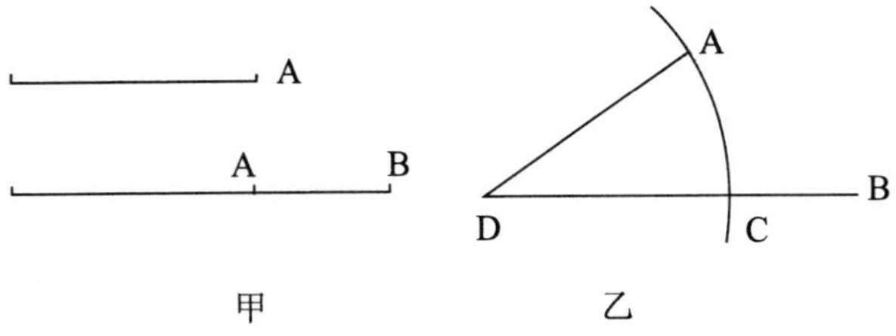

图26

图27中，△AOB与△AOC相似，而又相撄。各边都可叠合。但△ABC与△AOB、△AOC只相似，不相撄，因不能重合。比较相似，必须有两个条件相等，所以说“故两目端而后可”。

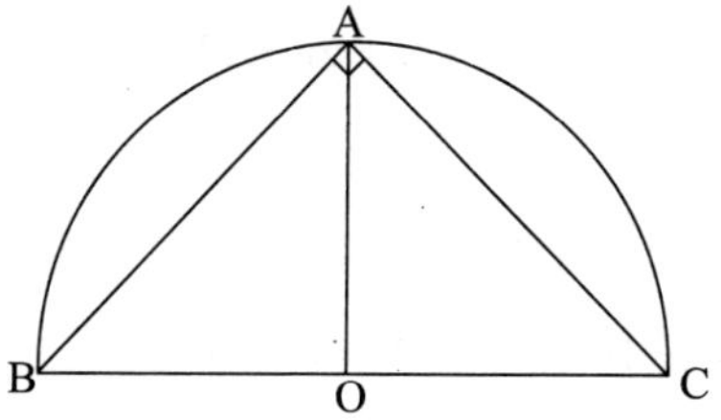

图27

∠A为直角。AB=AC，AO是从A至BC的垂线，
O是圆心，AO、OB、OC是半径。

17. 次

《经上》：“次，无间而不相撄也。”

《经说上》：“次，无厚而后可。”

解一：次，即几何学所谓相切。撄，即几何学所谓相交。相交，即属割线。二体相切时，其中没有间隔，也不相交。所以说“次，无间而不相撄也”。“无厚而后可”，也是切线。切线与圆相交，只有一个切点，见图28。

解二：《经上》：“次无闻而不撄撄也。”

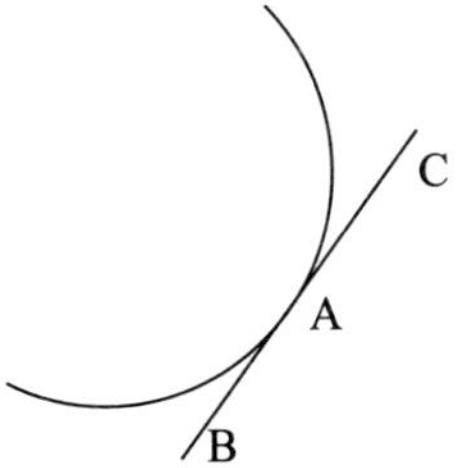

图28

CB线是圆的切线，切点是A，A无厚。BC线与圆无间。

《经说上》："次无厚而厚可。"

这里，攖攖当作相攖。

这是哲学解释，而不是几何学解释。要点是：相次无间而不相攖，只有宇宙符合这一条件。宙弥异时，宇弥异所。无所不在，方为无间。宇宙至小无内，至大无外，故以厚拟之。厚与无厚通而为一。

"有厚、无厚"是战国时的一个辩题。《荀子·修身》也说："有厚无厚之察。"所以有厚无厚联用，不必改。

18. 儇

《经上》："儇、秵、秪。"①

① 儇，圜，环。秵是俱。秪是柢，通作氐，本也，今文作胝。

《经说上》：“儇、昫、民也。”

解一：如图29中，柢是切线与圆相切之点。圆的一周都可作切点，所以说“俱柢”，儇即圆。轮转一周即为一环。

解二：儇、稘、柢当为环稘柢。在《经说》中稘作䗝，柢作民，当作氐，即柢，本也。氐与本义同。至于环之为物，旋转而专耑，若互相为本，故曰“俱柢”。

墨子及其后学，长于理论，扎根实践，讲求实效。在数学、力学、光学之外，他们对于声学、机械、土木等方面也具有不可磨灭的贡献。比如具有起重作用的桔槔，发射巨箭的连弩车，投掷武器和炭火的转射机，监听敌人动静的罂听，都是

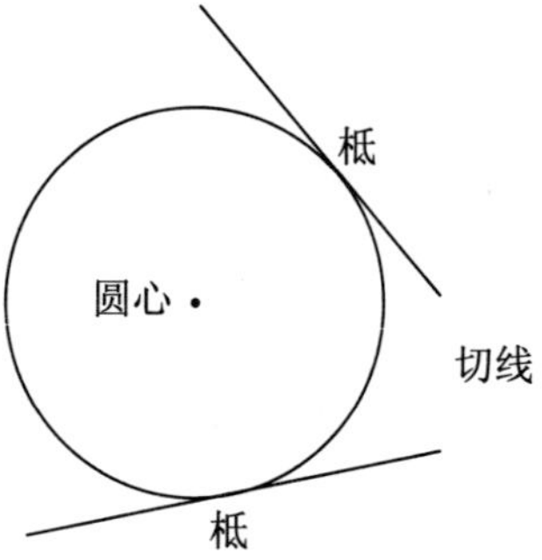

图29

当时的重要发明。当前，对于墨子及其后学的实际贡献，还知之不多，有待进一步研究和发掘。[1]

① 附录部分由中国老教授协会会员任继亮先生撰写。本文编写主要参考了《墨子研究论丛》、《墨子闲诂》；杨向奎《墨经数理研究》，谭戒甫《墨经分类译注》等。

国家新闻出版广电总局
首届向全国推荐中华优秀传统文化普及图书

‖大家小书书目

经典常谈	朱自清　著
语言与文化	罗常培　著
习坎庸言校正	罗　庸　著　杜志勇　校注
鸭池十讲（增订本）	罗　庸　著　杜志勇　编订
古代汉语常识	王　力　著
国学概论新编	谭正璧　编著
文言尺牍入门	谭正璧　著
日用交谊尺牍	谭正璧　著
敦煌学概论	姜亮夫　著
训诂简论	陆宗达　著
金石丛话	施蛰存　著
常识	周有光　著　叶　芳　编
文言津逮	张中行　著
中国字典史略	刘叶秋　著

古典目录学浅说	来新夏　著
闲谈写对联	白化文　著
怎样使用标点符号（增订本）	苏培成　著
诗境浅说	俞陛云　著
唐五代词境浅说	俞陛云　著
北宋词境浅说	俞陛云　著
南宋词境浅说	俞陛云　著
人间词话新注	王国维　著　滕咸惠　校注
苏辛词说	顾　随　著　陈　均　校
诗论	朱光潜　著
唐诗杂论	闻一多　著
诗词格律概要	王　力　著
唐宋词欣赏	夏承焘　著
槐屋古诗说	俞平伯　著
词学十讲	龙榆生　著
词曲概论	龙榆生　著
中国古典诗歌讲稿	浦江清　著 浦汉明　彭书麟　整理

唐人绝句启蒙	李霁野　著
唐宋词启蒙	李霁野　著
古典文学略述	王季思　著　王兆凯　编
古典戏曲略说	王季思　著　王兆凯　编
唐宋词概说	吴世昌　著
宋词赏析	沈祖棻　著
道教徒的诗人李白及其痛苦	李长之　著
闲坐说诗经	金性尧　著
陶渊明批评	萧望卿　著
舒芜说诗	舒　芜　著
名篇词例选说	叶嘉莹　著
唐诗纵横谈	周勋初　著
楚辞讲座	汤炳正　著 汤序波　汤文瑞　整理
好诗不厌百回读	袁行霈　著
山水有清音 ——古代山水田园诗鉴要	葛晓音　著

门外文谈	鲁　迅　著
我的杂学	周作人　著　张丽华　编
论雅俗共赏	朱自清　著
文学概论讲义	老　舍　著
中国文学史导论	罗　庸　著　杜志勇　辑校
给少男少女	李霁野　著
鲁迅批判	李长之　著
英美现代诗谈	王佐良　著　董伯韬　编
三国谈心录	金性尧　著
夜阑话韩柳	金性尧　著
英语学习	李赋宁　著
漫谈西方文学	李赋宁　著
历代笔记概述	刘叶秋　著
笔祸史谈丛	黄　裳　著
古典诗文述略	吴小如　著
有琴一张	资中筠　著
鲁迅作品细读	钱理群　著
唐宋八大家 ——古代散文的典范	葛晓音　选译

红楼梦考证	胡　适　著
《水浒传》与中国社会	萨孟武　著
《西游记》与中国古代政治	萨孟武　著
《红楼梦》与中国旧家庭	萨孟武　著
《金瓶梅》人物	孟　超　著　张光宇　绘
水泊梁山英雄谱	孟　超　著　张光宇　绘
《红楼梦》探源	吴世昌　著
《西游记》漫话	林　庚　著
细说红楼	周绍良　著
红楼小讲	周汝昌　著　周伦玲　整理
曹雪芹的故事	周汝昌　著　周伦玲　整理
古典小说漫稿	吴小如　著
三生石上旧精魂——中国古代小说与宗教	白化文　著
《金瓶梅》十二讲	宁宗一　著
古体小说论要	程毅中　著
近体小说论要	程毅中　著
文学的阅读	洪子诚　著
中国戏曲	么书仪　著

中国史学入门　　顾颉刚　著　何启君　整理

秦汉的方士与儒生　　顾颉刚　著

三国史话　　吕思勉　著

史学要论　　李大钊　著

中国近代史　　蒋廷黻　著

民族与古代中国史　　傅斯年　著

五谷史话　　万国鼎　著　徐定懿　编

民族文话　　郑振铎　著

史料与史学　　翦伯赞　著

唐代社会概略　　黄现璠　著

清史简述　　郑天挺　著

两汉社会生活概述　　谢国桢　著

中国文化与中国的兵　　雷海宗　著

两宋史纲　　张荫麟　著

明史简述　　吴　晗　著

北宋政治改革家王安石　　邓广铭　著

从紫禁城到故宫

——营建、艺术、史事　　单士元　著

史学遗产六讲　　白寿彝　著

司马迁之人格与风格	李长之　著
司马迁	季镇淮　著
唐王朝的崛起与兴盛	汪　篯　著
二千年间	胡　绳　著
论三国人物	方诗铭　著
考古发现与中西文化交流	宿　白　著
中国古代国家的历史特征	张传玺　著
艺术、神话与祭祀	张光直　著 刘　静　乌鲁木加甫　译
中国古代衣食住行	许嘉璐　著
中国古代史学十讲	瞿林东　著
黄宾虹论画	黄宾虹　著
中国绘画史	陈师曾　著
和青年朋友谈书法	沈尹默　著
中国画法研究	吕凤子　著
桥梁史话	茅以升　著
中国戏剧史讲座	周贻白　著
俞平伯说昆曲	俞平伯　著　陈　均　编

新建筑与流派	童寯	著		
论园	童寯	著		
拙匠随笔	梁思成	著	林洙	编
中国建筑艺术	梁思成	著	林洙	编
沈从文讲文物	沈从文	著	王风	编
中国画的艺术	徐悲鸿	著	马小起	编
中国绘画史纲	傅抱石	著		
中国舞蹈史话	常任侠	著		
海上丝路与文化交流	常任侠	著		
世界美术名作二十讲	傅雷	著		
中国画论体系及其批评	李长之	著		
金石书画漫谈	启功	著	赵仁珪	编
吞山怀谷——中国山水园林的艺术	汪菊渊	著		
中国古代音乐与舞蹈	阴法鲁	著	刘玉才	编
梓翁说园	陈从周	著		
旧戏新谈	黄裳	著		
民间年画十五讲	王树村	著	姜彦文	编
民间美术与民俗	王树村	著	姜彦文	编

长城史话　　罗哲文　著
中国古园林概说　　罗哲文　著
现代建筑奠基人　　罗小未　著
世界桥梁趣谈　　唐寰澄　著
如何欣赏一座桥　　唐寰澄　著
桥梁的故事　　唐寰澄　著
园林的意境　　周维权　著
万方安和
——皇家园林的故事　　周维权　著
现代建筑的故事　　吴焕加　著
中国古代建筑概说　　傅熹年　著

国学救亡讲演录　　章太炎　著　蒙　木　编
简易哲学纲要　　蔡元培　著
大学教育　　蔡元培　著
北大元培学院　编
老子、孔子、墨子及其学派　　梁启超　著
中国政治思想史　　吕思勉　著
天道与人文　　竺可桢　著　施爱东　编

春秋战国思想史话	嵇文甫　著	
晚明思想史论	嵇文甫　著	
新人生论	冯友兰　著	
中国哲学与未来世界哲学	冯友兰　著	
谈美书简	朱光潜　著	
中国古代心理学思想	潘　菽　著	
民俗与迷信	江绍原　著	陈泳超　整理
佛教基本知识	周叔迦　著	
儒学述要	罗　庸　著	杜志勇　整理
希腊漫话	罗念生　著	
佛教常识答问	赵朴初　著	
大一统与儒家思想	杨向奎　著	
孔子的故事	李长之　著	
西洋哲学史	李长之　著	
乡土中国	费孝通　著	
社会调查自白	费孝通　著	
经学常谈	屈守元　著	
墨子与墨家	任继愈　著	
汉化佛教与佛寺	白化文　著	
中西之交	陈乐民　著	

出版说明

“大家小书”多是一代大家的经典著作，在还属于手抄的著述年代里，每个字都是经过作者精琢细磨之后所拣选的。为尊重作者写作习惯和遣词风格、尊重语言文字自身发展流变的规律，为读者提供一个可靠的版本，“大家小书”对于已经经典化的作品不进行现代汉语的规范化处理。

提请读者特别注意。

北京出版社